わたしの旅ブックス
015

今すぐ出かけたくなる魅惑の鉄道旅

野田隆

産業編集センター

はじめに

鉄道旅行は楽しい。窓側の席に座って、何も考えないでボーっとしているだけでも、車窓は流れていくので、それを見るともなしに眺めているのは、退屈しないどころか至福の時間だと思う。

わが国は、島国なので山あり谷あり海ありと、車窓は変化に富んで目まぐるしく移っていく。スケールは大きいけれど同じような情景が延々と続く大陸的な国の車窓とは異なる。北欧の列車で森と湖の美しい車窓を楽しんだことがあるけれど、何時間も同じような景色が続くと最後は飽きてしまった。

巨大なステーキを腹いっぱい食べるのが大陸の鉄道旅行だとすれば、日本の鉄道旅行は懐石料理のように例えるのがよいかもしれない。小さいけれどピリッとした美しい景色を少しづつ楽しんでいるうちに、異なった味わいが次々と現われる。それを受動的に堪能できるのだから、何と贅沢なことだろう。

運転に気を使うドライブよりも気楽であるし、シートベルト着用必須のバスや航空機の旅とも異なり、車中では自由に散策を兼ねた移動もできる。また、酒を飲んだり、まどろむことも自由だ。鉄道旅行に関心を示さない人が多いけれど、もっと鉄道旅行の魅力に目覚めてもいいと思う。

出張や所用で乗ることが多いであろう東海道新幹線だって車窓は楽しい。富士山、静岡の茶畑、浜名湖、木曽川などの大河を渡る鉄橋、関ヶ原、伊吹山などなど魅力的な車窓ポイントには事欠かない。

それなのに、乗車時間のほとんどをパソコンに向かうのに費やしたり、居眠りをしたり、実に退屈そうにしている人の何と多いことか。耐えているだけの移動時間だとしたらもったいない話だ。

もちろん、新幹線だって車窓は楽しいと言いたいのであって、車窓の魅力が充実しているのは、自然の中に埋もれるように走る単線のローカル線である。

渓谷に沿って、くねくねと車体を軋ませながらのんびり走る列車から眺める風景。これこそが鉄道旅行の醍醐味だ。本書では、新幹線から特急列車、普通列車に至るまで様々な列車や路線を紹介しているけれど、一番ページを割いたのがローカル線であるのは、そうした事実からである。

本書は、筆者お気に入りの路線や列車を紹介したエッセイ集なので網羅的なガイドブックではない。読んでいくうちに列車に乗っているような気分を味わっていただくのが目的であり、文章から付随的にふと役に立つ情報を読み取るといった効用があればと思う。

今すぐ
出かけたくなる
魅惑の鉄道旅
目次

II

優雅で愉快な特別列車に乗って…081

——観光列車の旅

III

時間がゆっくり流れる列車に乗って…121

——ローカル線の旅

［表紙カバー・本文写真］野田隆

I

いつもとは少し違う列車に乗って

——特急列車の旅

特急列車の魅力

もともと特急とは「特別急行列車」の略称であった。優等列車の中でも特別の存在であった特急は、時代の流れとともに大衆化が進み、とくにＪＲでは急行がなくなったので、それにかわる特別感なしで気楽に乗れる長距離移動の代表列車となった。

高度成長の時代には、全国津々浦々、画一的な車両が走りまわっていたが、時代が変わり、国鉄が民営化される頃から、実にバラエティに富んだ車両が登場し始めた。なかでもＪＲ九州は斬新なデザインやインテリアの車両が多く注目を集めている。筆者お気に入りの「白いかもめ」は普通車とグリーン車を乗り比べ、とことん列車旅を堪能することができた。

その一方、近年は、車両の世代交代の時期に当たるのか、国鉄時代の車両は、ほぼ引退し、ＪＲ第１世代の車両も新型車両に置き換わりつつある。伝統ある東海道本線の特急「踊り子」は、そろそろ終焉の時を迎えようとしているので、あえて、マイナーな修善寺行きに乗車してみた。その一方で、中央本線「あずさ」は新型車両がデビューしたので、さっそく快適な乗り心地を体験してみた。

また、大手私鉄でも東武リバティ、西武ラビューをはじめ小田急も新型ロマンスカーが続々とデビューするなど斬新なデザインの新型車両のラインナップは話題となっている。

この章では、ＪＲと私鉄の新型車両のなかでも筆者が注目していて、いち早く乗る機会があったものにスポットを当てると同時に、近々消えていこうとしている馴染みのある車両、新幹線電車５００系のようにやや残念な運命をたどった車両、地方で第2の「人生」を送っている長野電鉄の旧成田エクスプレスなどにもスポットを当ててみた。

さらには、特急とは銘打っていないけれど、快適な通勤輸送を行うためのワンランク上の通勤ライナー的車両が各路線で相次いで走り始めた。これまで座席指定車とは縁がなかった京王電鉄でも特急に相当する京王ライナーが登場し、観光輸送にも進出し始めたので、その様子もレポートしてみた。ガイドブックのような網羅的な本ではないけれど、特急列車のバラエティに富んだ魅力の一端を読み取っていただければと思う。

①

スーパーあずさ（JR）
【新宿駅（東京）⬇松本駅（長野）】

快適車両で信州路を行く

2017年12月23日、新型車両E353系を使ったJR中央東線の特急「スーパーあずさ」が華々しくデビューした。この車両の量産先行車は2年以上前に公開されていて、その後、試運転を繰り返すばかりだったので、一体どうなったのかと気をもんでいた。

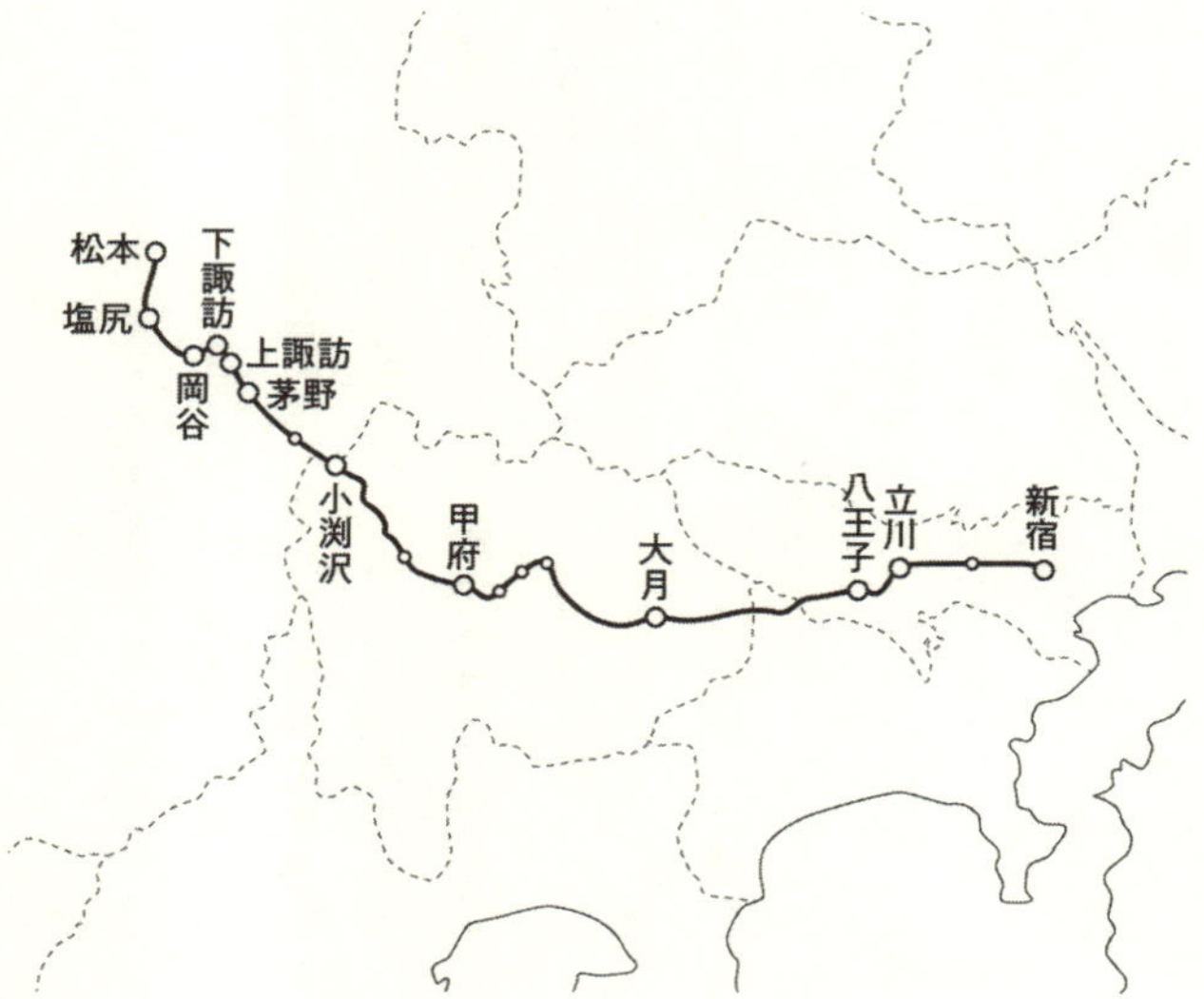

新型あずさE353系（松本駅）

実は、試運転を繰り返しながらデータを集積し、改良を加えた量産車製造へと慎重に準備をしていたとのことで、登場してみると、素晴らしい車両だとあちこちで絶賛されている。
なるべく早く乗らなくてはとスケジュールを調整し、始発駅の新宿駅から終点の松本駅まで全区間を走破することにした。なお、「スーパーあずさ」は、2019年3月16日のダイヤ改正で廃止され、中央線の特急名は「あずさ」と「かいじ」の二本立てとなった。
冬の穏やかに晴れた朝、まずは「新宿駅」で松本発の「あずさ4号」の到着を出迎えた。先頭の中央部は真っ黒で、大きく書かれたE353の文字が目につく。いかつい表情で、

新型あずさのグリーン車

新型あずさの普通車車内

今までの車両とは一線を画すような現代風ないでたちだ。サイドは一変して白（南アルプスの雪色を表現）が主体で、窓付近はキャッスルグレー（松本城の青味がかった漆黒をイメージ）、窓の上の方に「あずさ」の伝統色であるバイオレットのストライプが入るというなかなか洒落たデザインである。秋田新幹線「こまち」のE6系、豪華列車「四季島《しきしま》」と同じく奥山清行《おくやまきよゆき》氏がデザインしたと聞けば、なるほどと思う。

　この車両が、そのまま「あずさ9号」松本行きとなって折り返す。清掃作業があるので、お預けを食った犬みたいにホームで待たされる。

乗車したのは1号車。といっても松本行きの先頭が12号車なので最後尾の車両になる。車内に入ると、淡いブルーのシートが目に飛び込んできて、爽やかな印象だ。夏だったら信州の高原を散策しているような涼しげな雰囲気、冬でも寒々しい感じはしない。普通車とはいえ、シートに可動式の枕が付いていて、E5系など最近の新幹線車両並のグレードだ。平日だったので、指定席は意外に空いていて、隣は終点まで誰も座ることがなかった。

定時に新宿を発車。［東中野］付近からは延々と続く直線コースに入り、まったく揺れることがないスムーズな走りっぷりだ。［吉祥寺］付近の高架区間では左遥か前方に富士山が見え隠れするのに気づく。［立川］に停車後、左に大きくカーブして多摩川を渡る。今度は右手に富士山の麗しい姿が現われた。

［八王子］に停車し、かなり乗ってきたけれども車内はまだまだ空席がある。車内放送では自由席は混雑しているとのこと。空席に荷物を置かないようにと繰り返し注意していた。［高尾］を通過し、いよいよ山岳地帯に差し掛かる。カーブが連続するけれど、列車は徐行するでもなく心地良いテンポで走る。空気バネによる車体傾斜装置、それに振動制御装置フルアクティブサスペンションが編成中の全車両に備わっているので揺れが少ない。先

「スーパーあずさ」の車窓。甲府盆地

代のE351系「スーパーあずさ」は振り子式の揺れが気になり、酔う人もいただけにこの新型車両が好評なのもうなずける。

谷間を流れる桂川が見えてきた。空を飛んでいるかと錯覚しそうなくらい高いところに架かる大鉄橋も一瞬で走り抜け、愉快な富士急の車両が停まっている「大月」もあっさり通過だ。その後も山間部をひた走り、笹子トンネルなどいくつもの長いトンネルを抜けると左手に甲府盆地の大パノラマが広がる。列車は、盆地の縁を反時計回りに半周しつつ高度を下げ、「甲府」に到着した。甲府駅ではかなりの乗客が降り、それを埋め合わせるように何人かが乗ってきて出発となった。

甲府の市街地を外れる頃から、列車は次第に高度を上げる。左手には南アルプスの雄大な山並みが見えてくる。線路が右に左にとカーブしている関係で、左手前方に八ヶ岳が姿を現した。カーブを走行する時は、車体がわずかながら傾くのが体感できるけれど、滑らかな変化なので違和感はない。八ヶ岳は、まもなく定位置の右手に落ちつき、［小淵沢《こぶちさわ》］発車後に長野県に入ると右手正面にすそ野を広げ、やがて後方へと消えていく。

［八王子］を出て以来、甲府と小淵沢に停車しただけだった「あずさ9号」は、新宿を発車して2時間が過ぎ、蓼科《たてしな》高原の入口に当たる［茅野］に到着した。冬のリゾート地を訪れる人が数人ホームに降り立つ。誰もが振り返ってスマホで乗ってきた車両を撮影している。新しい車両なので物珍しいようだ。

茅野駅を出てしばらくすると、新宿発車以来続いていた複線区間が普門寺信号場でいったん終わり、単線区間に入る。続いて5分程で［上諏訪《かみすわ》駅］に停車。このあたりは特急停車駅が連続し、下諏訪、岡谷と4駅連続に停車する「あずさ」もある。「あずさ9号」は、上諏訪の次は、岡谷、塩尻と停車していく。

列車は、諏訪湖の東岸に沿って走る。しかし、線路と湖の間は家並が立て込んでいて、車窓からの眺めは悪い。一瞬、湖岸が見えるだけだ。［岡谷駅］付近では、天空を横切る高速道路の大高架橋のはるか下をくぐり抜ける。このあたりは精密機器の工場が多く、日本のスイスと言われる。そういえば、スイスの隣で同じ山国のオーストリアにあるブレンナー峠でも似たような天空に聳える高架橋を車窓から目にしたことを思い出した。

列車は、1983年に完成した塩嶺《えんれい》トンネルを抜けると、かつてのメインルートだった旧線や名古屋からの中央西線と合流して［塩尻駅］に停車する。ここからは篠ノ井《しののい》線に入るけれど、気分的には中央本線が続いている感じだ。松本平を快走し、左手遠くには北アルプスの峰々が聳えている。

車窓を楽しんだおかげで松本までの2時間半あまりの旅は実にあっけなかった。E353系はきわめて快適で、中央線の旅に新たな魅力が加わった。機会があれば何度でも乗りたいと思う素晴らしい車両である。松本駅のホームでも地元の人たちや、列車から降りた乗客が記念撮影に余念がない。新型車両は沿線では注目の的のようだ。

（2017年12月25日乗車）

2

白いかもめ（ＪＲ）【長崎駅（長崎）➡諫早駅（長崎）➡博多駅（福岡）】

普通車とグリーン車乗り比べの旅

長崎から博多まで移動することになったので、ＪＲ九州が誇る「特急かもめ」を久しぶりに利用することにした。途中、諫早で下車して立寄るところがあったので、長崎から諫早まではグリーン普通車、諫早から博多まではグリーン車を利用して乗り比べる旅となる。

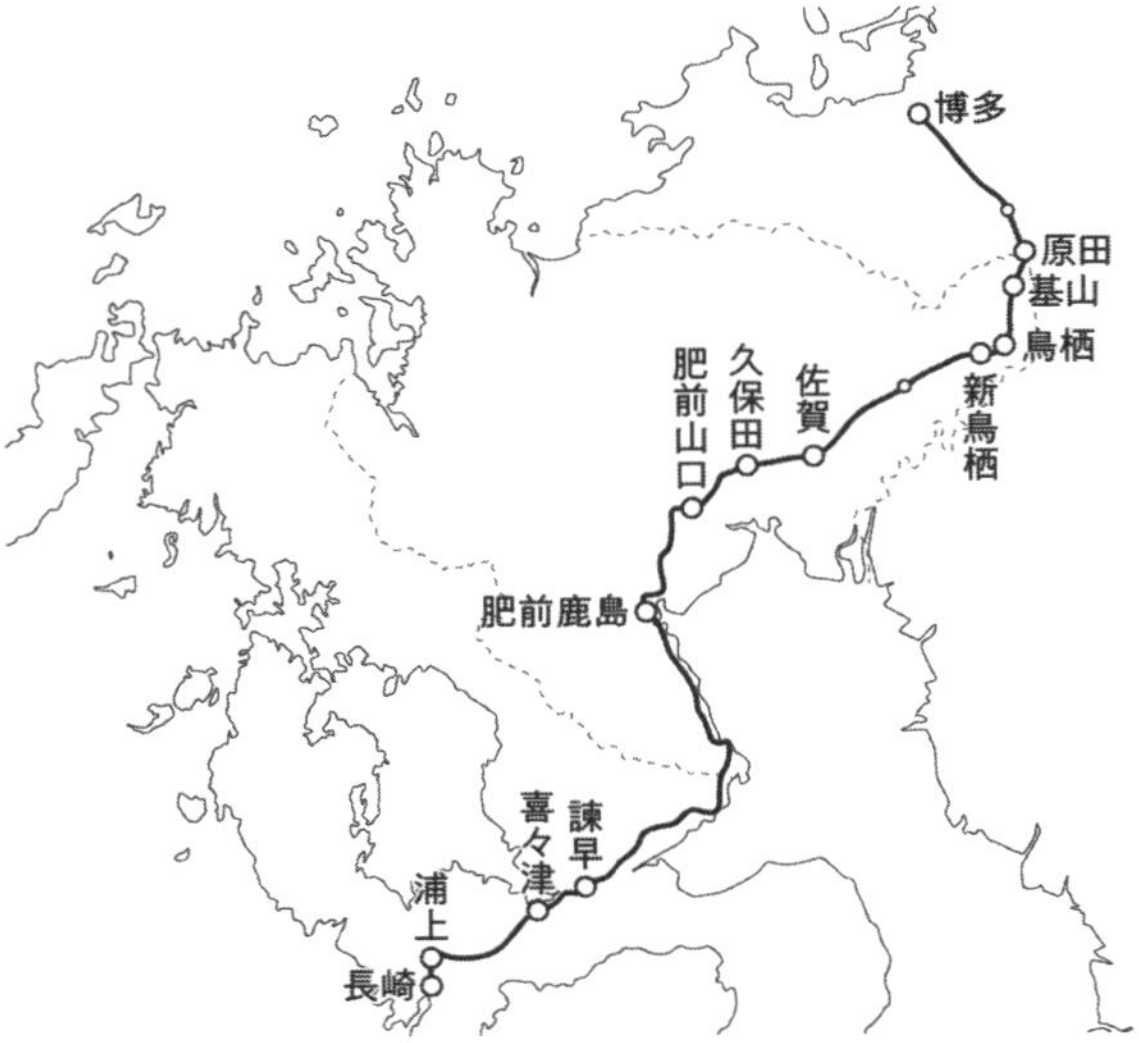

白いかもめ（長崎駅）

ＪＲ「長崎駅」は、規模は大きくないけれど行き止まりの終着駅で独特の雰囲気がある。これで大きなドームで覆われていればヨーロッパ的なターミナルとなるのだが、やはり日本の駅である。ドイツの高速列車ＩＣＥ３に色も形もそっくりな８８５系特急電車、通称「白いかもめ」が発着し、異国情緒たっぷりの長崎の玄関だけに国鉄時代の香りを今なお残す古びた駅は、やや残念な気もする。もっとも、九州新幹線長崎ルートが完成すると、長崎駅の雰囲気も一変するようだから、現在の様子も近い将来変わってしまうようだ。「白いかもめ」は6両編成。博多行きの場合は6号車が先頭で、グリーン車のある1号車

白いかもめのグリーン車

は最後尾だ。諫早までは3号車の普通車を利用する。普通車といえども革張りの黒いシートで心地よい。座席上方の荷棚は航空機のようなハットトラックと呼ばれる収納式タイプ。カラフルなバッグや手提げもすべて収納されて見えなくなるので、車内は落ち着いた上質な空間となる。

「白いかもめ」は観光列車ではなくビジネスパーソンの利用も多いけれど、車内の至る所にフリースペース（JR九州ではコモンスペースと呼んでいるようだ）がある。ちょっと腰かけるのに都合のいい止まり木のようなスペースや車窓を眺めるようになっている立席、書など和のテイストがたっぷりのギャラリー風スペースなど遊び心にあふれている。座り詰めで退屈したとき、通路側の席で窮屈な思いをしたとき、超満員で自由席に座れなかったときなど逃げ場があるのは助かる。いずれも水戸《みと》岡鋭治《おかえいじ》氏ならではの遊び心があって楽しい車内だ。

個性的な車両ではあるけれど、885系は登場以来はや20年近く経っている。最近の車両のようにコンセント付きの座席はごく一部だと聞いていたが、幸いにも窓下にコンセントが付いていて助かった。

長崎駅を出て市街地を走り抜け、［浦上］に停車すると、地下鉄に乗り入れるかのように高度を下げてトンネルに入る。山の中を進み大村湾沿いにのんびり走る旧線は時間がかかるので、1972年、長崎トンネルによるショートカットの新線が完成してから、優等列車はすべて新線経由なのだ。複線だと思ったら実は単線でトンネル内に信号場がある。以前、快速シーサイドライナーに乗っていたら、トンネル内で停車して特急とすれ違ったことを思い出した。長崎トンネルを抜け、短いトンネルをいくつもくぐると、旧線と合流して［喜々津駅］を通過、ここから諫早までは複線となるが、車内放送で諫早到着が近いことを知る。諫早まで18分とはあっけない。

諫早で下車し、島原鉄道で［島原外港］まで往復した後（P258以下参照）、諫早に戻って、午後、再び「白いかもめ」の客となる。今度はグリーン車を利用する。

博多行きの「白いかもめ」のグリーン車は最後尾の1号車の後ろ半分。こじんまりした車内に12席しかない。有明海の車窓が楽しめる進行方向右側を選んだのだが、こちらはA席で1人席。通路をはさんだ反対側は2人席に見えるけれど、よく観察すると、微妙に離れた1人席が並んでいる。そちらは、C席とD席となっていて、グリーン車にB席はない。

出入口から入ると一番手前の席だったので、座ると目の前は壁である。といっても、圧迫感はなく、広めのテーブルが目の前にあり、窓と反対側は仕切りがあるので、半個室のような落ちついた配置となっている。コンセントもあり、グリーン料金を払うだけのことはある。

列車は右に大きくカーブして大村線と分かれる。元々は大村線が長崎へ向かう本線で、現在の有明海沿いの区間は後からできたので、このような線形になったのである。しばらく走ると、有明海が見えてきて、やがて海岸沿いに走るようになる。遠浅で干満差の大きな海らしく、波打ち際は干潟のようになっているところが多く、独特の風景だ。

カーブも多く、885系は振り子構造を活かして、走り抜ける。ただ、グリーン車の座席はふわふわした感じで、宙に浮いたような気分になり、ちょっと不思議な乗り心地だった。[肥前鹿島]に停車すると、有明海と分かれて平野の中を北上、[肥前山口]で佐世保

「白いかもめ」の車窓。有明海

線と合流して、ここからは複線となる。

　ようやく幹線らしい雰囲気となったが、平野を走る抜ける車窓は、絶景とは言えない。かなりのスピードを出し、唐津線と合流する[久保田]を通過、嘉瀬川を渡り、臨時駅の[バルーンさが]を過ぎ、貨物用のコンテナが並ぶ鍋島を通り、高架になると[佐賀]に停車する。佐賀からは利用者も多く、グリーン車もほぼ満席になってしまった。以前、佐賀から自由席を利用したら、席が見つからず車内をウロウロした経験もある。かもめは常時混雑しているようだ。

　気分転換に席を離れる。グリーン車室のドアとデッキの間には個室のようなフリースペースがある。サービスカウンターとの表記があるので、かつて客室乗務員によるサービスがあった時代に準備室として使われていた時代の名残であろう。携帯電話使用やひとりで車窓を眺めるなど、文字通りのフリースペースといえる。車内広報誌が置いてあったので1冊いただいて席に持ち帰った。

九州新幹線との乗換駅［新鳥栖］に停車し、すぐに左にカーブして鹿児島本線と合流すると［鳥栖］である。このさき、二日市に停車するかもめもあるけれど、乗車した列車は博多までノンストップ。21分で駆け抜けていった。

［基山《きやま》］では、甘木《あまぎ》鉄道の車両が一瞬見え、［原田《はるだ》］では筑豊本線と分かれる。博多に近づくとすれ違う列車も増え、西鉄の線路が高架線でオーバークロスし、ＪＲの車両基地の脇を過ぎると、スピードを落とし、ゆっくりと博多駅に滑り込んでいった。

ソニック、みどり、ゆふいんの森やカラフルな通勤電車など個性的な車両が発着し、目を楽しませてくれる博多駅。改札口を出ると、構内は大勢の観光客やビジネスパーソンでごった返していた。

（２０１９年1月18日乗車）

3

500系新幹線（JR）

【広島駅（広島）➡三原駅（広島）➡新大阪駅（大阪）】

懐かしの新幹線で山陽本線のんびり旅行

広島からの帰路、「のぞみ」で一気に東京まで乗るのは面白くない。時間はたっぷりあるので、ひと工夫した旅を試みた。

まずは、山陽本線（在来線）に乗る。少し前には瀬戸内海の車窓を楽しむために呉線の観光列車「瀬戸内マリン

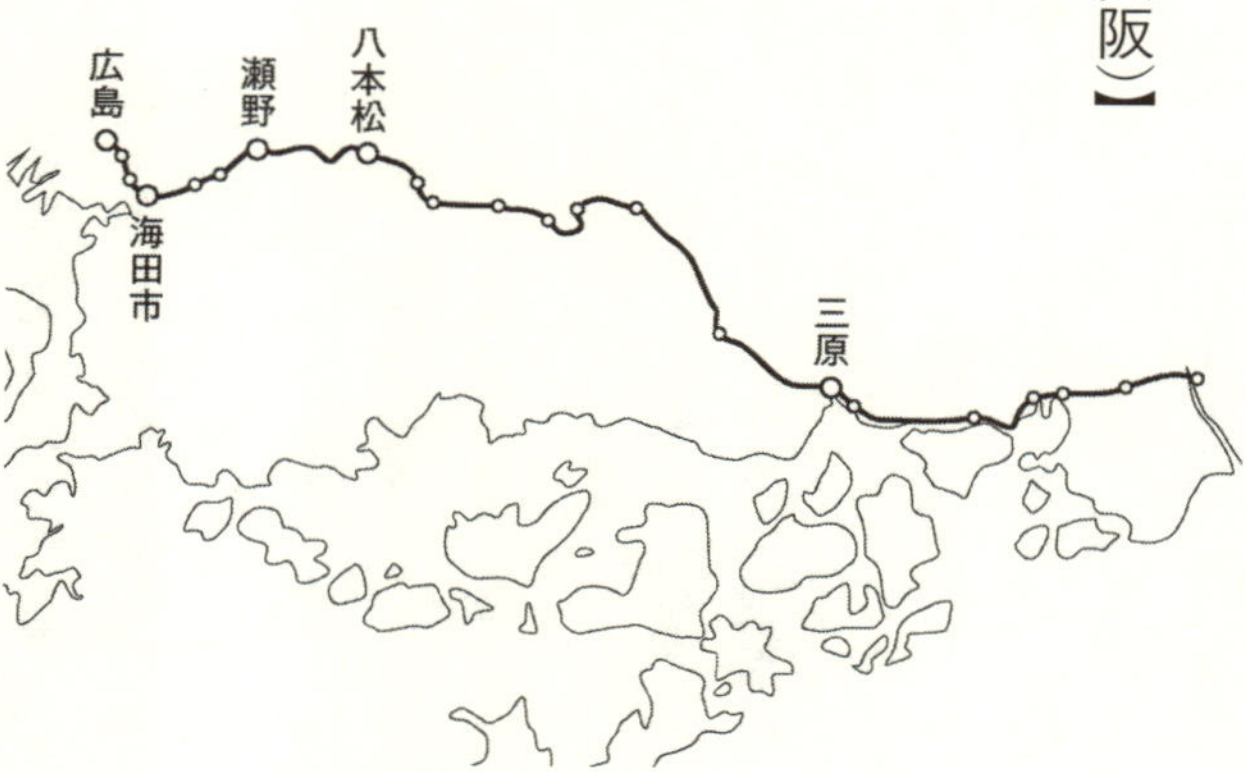

広島付近で活躍するレッドウィング

ビュー」を利用したので、山陽本線の通称「セノハチ」と呼ばれる山越え区間（瀬野〜八本松）を通っていない。かつて、ブルートレインが健在だったときは、何度かセノハチを通っているのだが、早朝の寝ぼけ眼状態だったり、上りで闇の中を通過したりと、昼間に車窓をゆっくり楽しんだ記憶がない。というわけで、初乗車のような気分で、糸崎行きの普通電車に乗り込んだ。「レッドウィング」という、2015年にデビューした新型車両で、クロスシート。しかもボックス席でないのが嬉しい。見知らぬ人と狭い空間で向かい合うのは窮屈だからだ。

「広島駅」から3つ目の「海田市《かいたいち》駅」を出る

と、呉線と分かれる。ここからが、何年ぶりかに通る区間である。山陽本線といえどもローカル色豊かな車窓が続いていく。やがて、小高い丘の上まで延びるモノレールのようなスカイレールという交通システムの軌道が見えてくると［瀬野駅］に停車した。左手には、瀬野機関区跡という看板が立っている。D52形大型蒸気機関車のモノクロ写真が往時を偲ばせる。難所セノハチに立ち向かうため、優等列車もここで停車して後部に後押し用の機関車を連結していたのだ。あたりを見渡しても、もう何の痕跡もなく看板だけが機関区があったことを教えてくれる。

かつての難所も、新型電車はすいすいと走る。山越えの車窓も、あっけなく流れ去っていく。旅情が薄れたというよりは、便利になったと言うべきだろう。［八本松駅］でかつての難所区間は終わり、あとは淡々と山深いところを右に左にカーブしながら進んでいく。いつしか沼田川に沿って走るようになり、広島駅を出て1時間15分ほどで［三原駅］に到着。ここで下車する。

三原駅で降りたのは、山陽新幹線に乗り換えるためである。時間はたっぷりあるとはいっても、さらに大阪方面まで在来線に乗り続けていく時間はないのだ。

三原に到着した500系こだま

山陽新幹線といっても、昼間の三原駅は、1時間に1本「こだま」が停車するだけ。東海道新幹線の小駅でも1時間に2本「こだま」が停まるから、はるかにのどかである。乗換時間は50分程あったので、駅裏の三原城跡あたりを散策した。城跡の一部が新幹線の高架橋に食い込むように建っていて、なかなか興味深い構造である。

発車15分程前に新幹線ホームへ上がると、列車到着前に何本もの「のぞみ」「さくら」が猛スピードで通過していった。対面ホームの間にある通過線を走っているので、ホームに立っていて危険ではない。

やっとのことで到着した列車は、500系

使用の「こだま」である。前もって車両のことは調べておいて、わざわざこの列車を選んだのだ。かつて、東京〜博多間を「のぞみ」として颯爽と走った500系。新山口から東京まで乗ったのは、10年以上前のことである。スマートで性能もよく、航空機の胴体のような丸みを帯びた車体。人気もあったのだが、特異な車体ゆえに、700系など他の車両と共通に運用することができなかった。そのためもあって、いつしかまま子扱いされ、2010年2月をもって東海道新幹線の区間からは姿を消していた。その後は、山陽新幹線内で、各駅停車「こだま」として余生を送っているのだ。

山陽新幹線の「こだま」は8両編成である。「のぞみ」のときは16両編成だったから半分の長さに短縮されている。車内も改装され、指定席は、真ん中の通路をはさんで2人掛けのシートが並んでいる。普通車にもかかわらず、グリーン車のようなゆったりした空間は落ち着いて過ごせそうだ。それほど乗客は多くないので、なおさらのんびりくつろげる。

「こだま」は言うまでもなく各駅停車。しかも「のぞみ」「さくら」を先に行かせるため長時間停車して待避する駅がいくつもある。まずは、「新尾道」で9分停車、その後も「福山」で5分、「岡山」では26分も停まって、「ひかり」が先に発車した後、「のぞみ」2

西明石でものんびり停車

本を先に行かせた。そんなに急いでどうするの?と言わんばかりの悠然とした態度。「のぞみ」の車内のようにせかせかしたようなビジネスパーソンの姿は少数派である。新幹線らしからぬ雰囲気は「汽車旅」と呼んでもさほど違和感はない。チャイムとして車内に鳴り響く「いい日、旅立ち」が、妙にマッチしていた。

「西明石」では18分停車。ホームに降りて、先頭車の写真を撮りに行く。晩秋の陽はかなり傾き、西日が眩しかった。「新神戸」を発車し、長いトンネルを抜けると、外は暗くなっていた。岡山で「のぞみ」に乗り換えていれば、1時間も早く新大阪に到着できたのだが、そんなことはどうでもよくなっていた。新幹線を使いながらものんびり過ごせた列車旅。英気を養って「新大阪」のホームに降り立ち、しばらく休んでから現実に戻り、満員の東京行き新幹線に乗り換えた。

（2017年11月10日乗車）

④

特急「踊り子号」（ＪＲ）

【東京駅（東京）⬇修善寺駅（静岡）】

気軽な日帰り温泉旅

ふらりと日帰り温泉旅がしたくなった。都内から行けそうなところを考えていたら、西伊豆の修善寺温泉が候補にあがった。そういえば、東京駅から修善寺駅まで特急「踊り子号」の直通列車が走っている。「踊り子号」というと、熱海、伊東経由で伊豆急下田へ

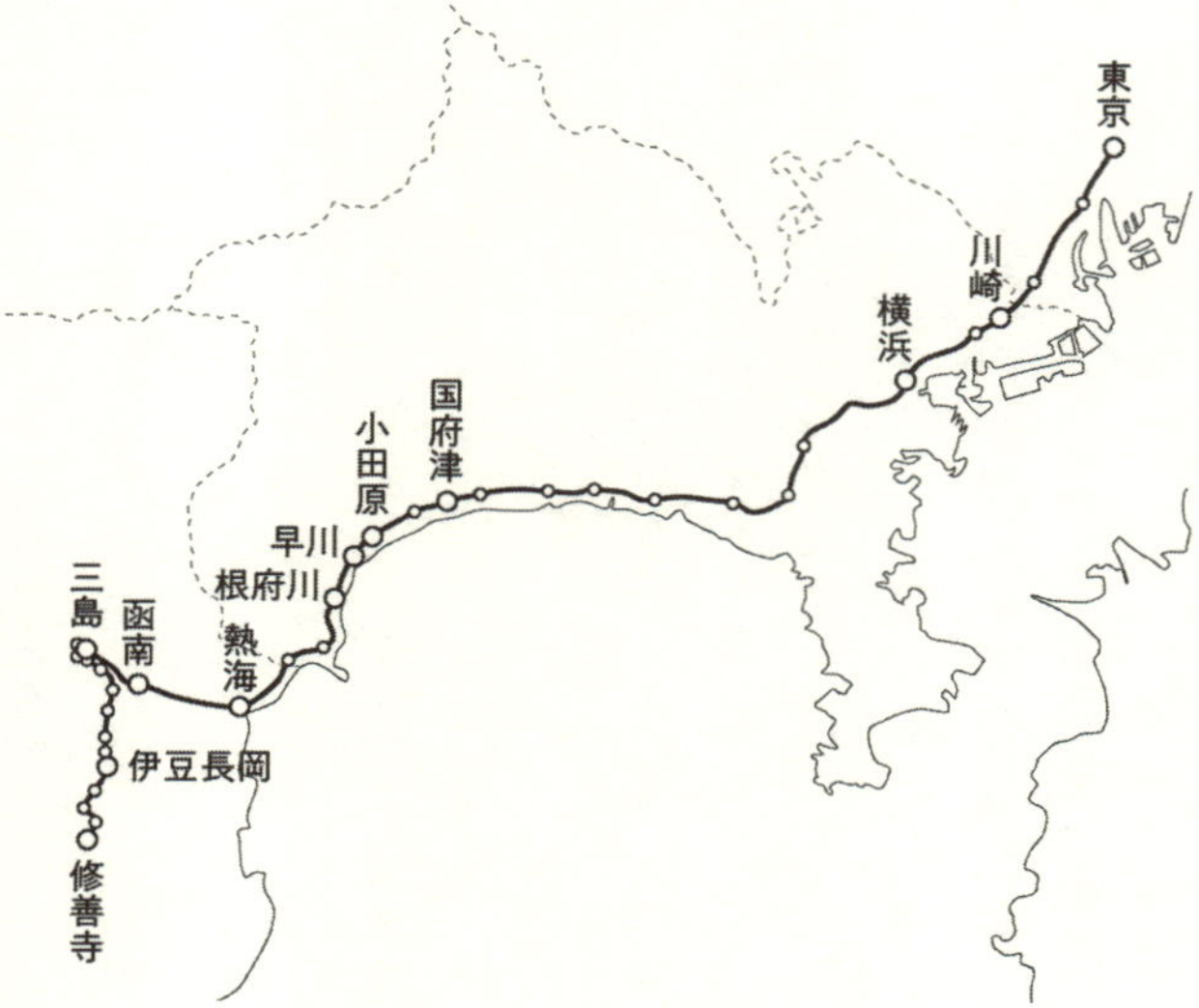

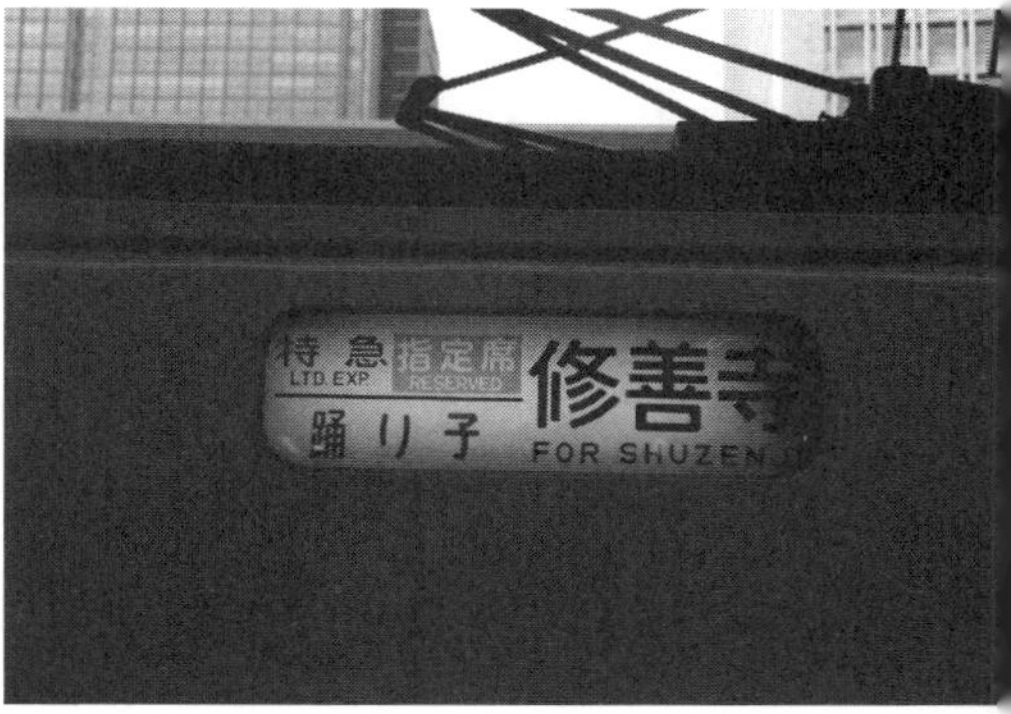

修善寺行きのサボ（表示）

向かうというイメージがあるけれど、わずかながら修善寺行きもある。この列車には、乗ったことがなかったし、2~3年のうちに現行の車両である185系が引退するようで、そうなると修善寺行きがなくなってしまうかもしれない。廃止がアナウンスされると大騒ぎになる昨今、静かなうちにのんびり「乗り鉄」を楽しみたくて、東京駅から修善寺行き踊り子号の客となった。

修善寺行き「踊り子号」は、伊豆急下田行き「踊り子号」10両編成の後ろに短い5両編成でつながっている。指定席を取ったのだけれど、乗車した車両は、私を含めて数人しか乗っていない。前後の車両も似たり寄ったりの客数だ。平日の昼下がりということもあるだろうが、ちょっと淋しい旅立ちである。これでは、廃止となるか、週末だけの臨時列車格下げになるか、将来がちょっと不安である。

とはいえ、空いた車内から都心の車窓を楽しむのも悪くない。駅弁をほおばりながら、のんびりと過ごせるのだ。

［川崎駅］、［横浜駅］から2〜3人乗ってきたものの、ガラガラであることには変わりない。車両の構造上、伊豆急下田行きの車両と行ったり来たりできないので、車内販売は、伊豆急下田行きにしかないとのアナウンスがあった。修善寺行きは冷遇されているようだが、これだけ空いていれば商売にならないからやむを得ないのだろう。その後、2019年3月のダイヤ改正で「踊り子」の車内販売は廃止され、「スーパービュー踊り子」のみかろうじて車内販売は継続となった。

旧国鉄の特急電車最後の生き残りである185系は、相当ガタがきているけれど、重厚な走りっぷりは安定感があって良い。大船を出ると、小田原までノンストップ。特急らしい貫録で東海道本線を西へひた走る。

［国府津《こうづ》駅］を通過するあたりから海が見えてきた。相模湾である。穏やかな秋の日で、波は静かだ。［小田原駅］を過ぎると、東海道本線の車窓のハイライトともいえる海の見える絶景区間である。［早川］、［根府川《ねぶかわ》］あたりでは、相模湾を見下ろすように走る。ほ

どほどのテンポで進むのが良い。在来線ならではの列車旅である。

［熱海駅］に到着。ドアが開くけれど、車両切り離しのため一旦ドアが閉まり、軽い衝撃のあと少しだけバックして、再びドアが開く。ここで外国人のグループが10人ほど乗ってきて車内は賑やかになった。伊豆急下田行きがホームを離れた後、発車。熱海では5分停車だった。車内放送があって、ここからはJR東海の車掌が案内しますとのこと。うっかりしていたが、熱海駅から西はJR東海の管轄なのである。

やがて、列車は丹那《たんな》トンネルへ。特急列車で在来線の丹那トンネルを抜けるのは、久しぶりだ。近年では、寝台特急「サンライズ瀬戸」以来かもしれない。昼間の特急列車としては、今世紀初のような気がする。

しばらく闇の中を走り、抜けると山の中である。［函南駅《かんなみ》］を通過し、少々進むと［三島駅］に到着。JR東海の区間はあっけなく終わり、これより伊豆箱根鉄道駿豆《すんず》線に乗り入れる。再び乗務員が交代、伊豆箱根鉄道の車掌は女性だった。

左手には伊豆箱根鉄道の三島駅のホームがある。「踊り子号」は、JRのホームに停車し、発車後、ガタゴトと線路を渡りながら、伊豆箱根鉄道の線路へ進入していった。これ

修善寺駅の踊り子号と伊豆箱根鉄道の電車

は直通電車しか通らない経路なので貴重な体験である。それにしても、三島駅で乗り換えなしに先へ進めるのはありがたい。左へ左へ大きくカーブしながら、いかにもローカル線といった感じの駿豆線を進んでいく。ここからは特急料金不要なのだが、三島からの乗客は自由席にしか乗れないので、車内はゆったりしている。いくつかの駅に停車するものの、降りる人はほとんどなく、外国人グループは修善寺のガイドブックに目を通している。皆、修善寺まで行くようだ。

車窓からは稲刈りが終わった田圃が見え、遠くには伊豆半島の背骨となる山々が聳えている。［伊豆長岡］に停車。温泉街の最寄り駅であるとともに、世界遺産に登録された韮山《にらやま》反射炉が近くにあるので大々的な看板が立っていた。伊豆長岡駅を出ると、右手には狩野川《かのがわ》が寄り添ってきた。川の向こうには荒々しい岩肌の城山《じょうやま》が見える。特徴的な姿は強烈な印象を残す。

その後も川に寄り添うように線路が曲がりくねって進み、三島駅から26分、終点の「修善寺駅」に到着した。行き止まりの終着駅だが、近年改装されたようで、淋しげな風情はみじんもない明るいターミナル駅だった。

修善寺温泉

駅前のバスターミナルからバスに乗り換えて10分足らず、修善寺の温泉街に到着した。さっそく日帰り温泉のできるホテルでまったりと湯に浸かり一息つく。その後、桂川に沿ってのんびり歩き、修禅寺にお参りし、朱色の橋を渡って竹林の小径を散策して、日頃の疲れを癒やすことができた。

（２０１７年10月31日乗車）

5

小田急ロマンスカー(小田急電鉄)

【大手町駅(東京)➡箱根湯本駅(神奈川)】

休日の日帰り定番旅行を楽しむ

先日、久しぶりに妻と日帰りで箱根の休日を楽しんだ。鉄道を使っての箱根への足と言えば、定番は小田急ロマンスカー。ただし、拙宅から始発駅の新宿へ向かうのは面倒なので、地下鉄千代田線から小田急線に直通する「青いロマンスカー」MSEに乗車した。

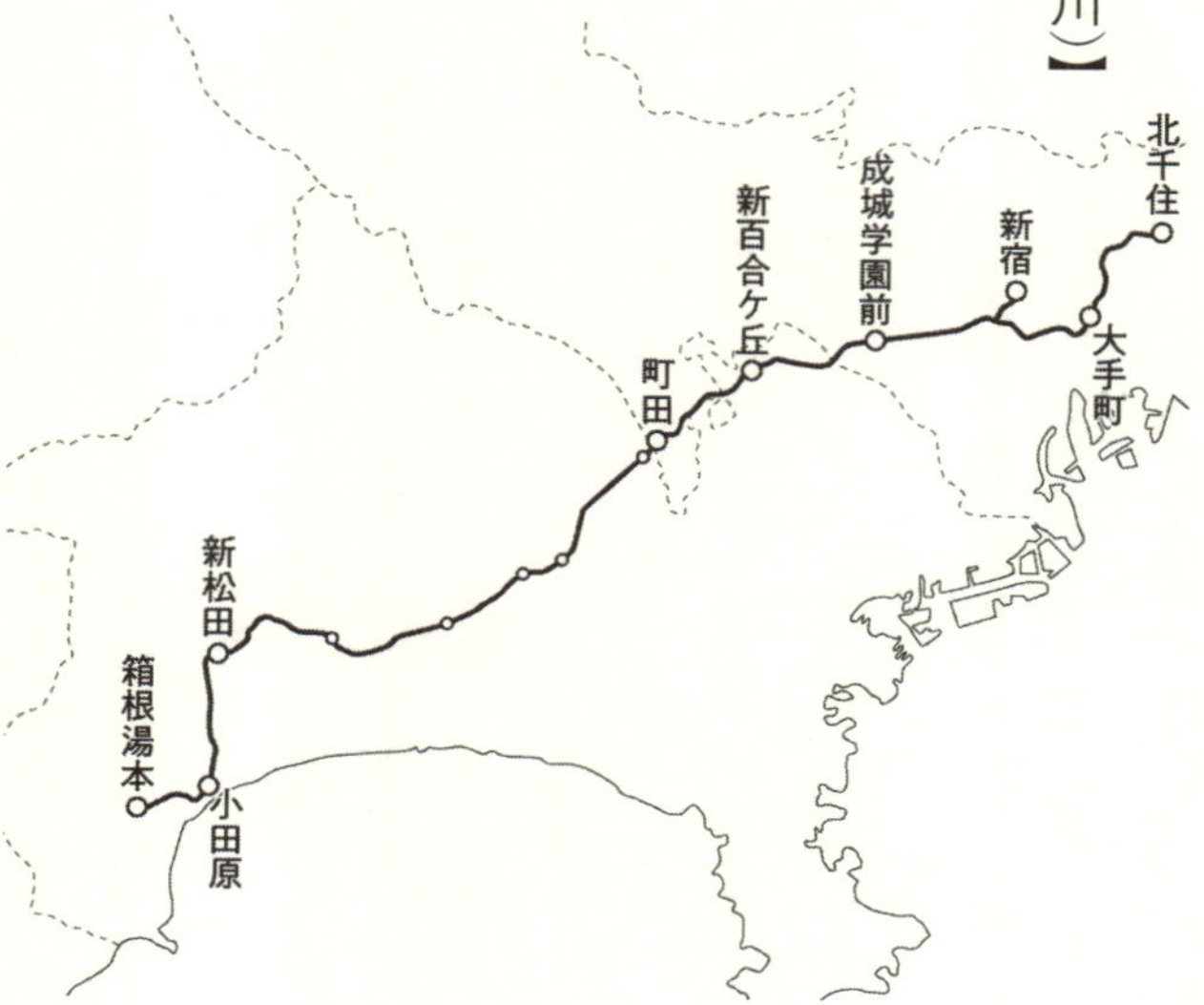

地下鉄千代田線内の小田急ロマンスカーMSE

「メトロはこね号」の始発駅は北千住であるが、乗ったのは「大手町駅」。土休日午前の便は1本しかないので(現在は2本)、乗り遅れないように早めに到着。代々木上原方面へ向かう電車を何本もやり過ごした。カフェのある小田急新宿駅と違って、待つところがホームのベンチしかないのが残念である。せめてガラス張りの冷暖房完備の待合室でもあればと思うが、地下鉄に乗り入れている列車なので、やむをえないのであろう。

定時に「メトロはこね号」が到着し、思ったよりも大勢の客を乗せて発車。しばらくは闇の中を走るのだが、時折明るくなって地下鉄の駅を通過するのは面白いものだ。「霞ケ関」「表参道」など一見特急列車とは無縁なように感じる駅で停車するのも新鮮な気分になる。

地上に出て「代々木上原」に停車。東京メトロから小田急線に乗り入れるので、乗務員交代のための運転停車だ。ドアは開かないので、乗客が乗り降りすることはできない。いよいよ小田急線と思ったら、再び地下へ。「東北沢」「下北沢」「世田谷代田」の３駅は地下に移設されていたのを忘れていた。「梅ヶ丘」で地上に出ると、いよいよ高架複々線を快走。ようやく特急らしくなった。ロマンスカーには車内販売があるのがうれしい。ちょっと冷房が効きすぎていたので、温かい緑茶を注文し、車窓を眺めながらくつろいだ。

ロマンスカーは、世田谷区内を通過し、「成城学園前駅」に停まった後は、多摩川を渡り、神奈川県に入って郊外の住宅地を駆け抜ける。この四半世紀で驚異的に開けた「新百合ヶ丘駅」は通過、「鶴川」から再び東京都に戻り、「町田駅」に停車したあとは、再度神奈川県内を走る。

「新松田」を通過する頃、車内の案内掲示に「晴れていれば富士山が見える」との表示が出たので、右手前方に注意してみたけれど、もやっているのか山並みの向うに富士山の麗

晴れていれば富士山が見える（酒匂川橋梁）

姿は拝めなかった。そうこうするうちに、［小田原］に到着。後部4両を切り離し、身軽となった6両編成で箱根の山に挑む。

箱根登山鉄道に乗り入れたロマンスカーは、ゆっくりとではあるが、確実に歩を進め、終点［箱根湯本駅］に滑り込んでいった。およそ1時間45分ほどの旅。手軽な乗車だった。

箱根湯本駅からは、登山電車ではなくバスに乗り換えて仙石原を目指す。箱根駅伝で有名な函嶺洞門を見つつ、国道1号線で山を登っていく。30分ほどで、仙石案内所のバス停で下車。お目当てはバス停近くのラリック美術館である。

わざわざ、この美術館にやってきたのは、

館内に「オリエント急行」の客車が保存されているからだ。さっそく、ル・トランという展示室へ向かう。

青と白に塗り分けられた車体は、サロンカーとして使われたもので、1988年に、パリからシベリア鉄道を経由し、香港から海路日本に上陸した「オリエント急行」の大ツアーのときの1両でもある。パリとイスタンブールを定期的に走っていた「オリエント急行」に連結された記録はなく、もっぱらパリと南仏を結んでいた「コートダジュール急行」に使われていた。

こうした国際列車の寝台車や食堂車、サロンカーは、ワゴン・リという国際寝台車会社に所属していたので、ワゴン・リ社が運行していた列車の中でも日本によく知られた「オリエント急行」の車両として紹介されているのである。

実は、1988年の日本での走行時に、品川駅で展示され、私も見学に行ったことがある。だから、その時以来の再会とも言える。まずは、外観をつぶさに見ていく。ドアの楕円形の窓は実に優雅な雰囲気を醸し出している。各種表記のアルファベットも模様のようで美しい。中ほどの窓下に掲げられたワゴン・リ社のエンブレムの何と豪華なことか。

箱根ラリック美術館にて展示中のオリエント急行サロンカー

「北斗星」にも似たようなエンブレムが取り付けられていたが、やはり本家のものは風格がある。そして、サボ（行先標示板）。ヨーロッパの各都市、シベリア鉄道などの駅名が列挙されているけれど、最後には東京、札幌、大阪、神戸と書かれている。これらは、来日時の行程の一部を示したものなのだ。

一通り見終わったところで、車内へ入る。歴史的な車両なので、マホガニーの木材が多用され、テーブル席が並び、椅子は、ゆったりとしたソファー席だ。列車内というよりは、お屋敷あるいはクラシックホテルのラウンジのようである。壁の装飾品やランプも優雅なスタイルだ。こうした調度品をデザインしたのが、ガラス工芸家のラリック氏なので、この美術館に「オリエント急行」の車両が展示されるに至ったのである。

入館時に、特製のお弁当を買えば車内で食べてもよいということだったので、テーブル席についてお弁当を広げる。和風の駅弁スタイルで、掛紙には「紺碧海岸御辨當」と書かれ、緑色の蒸気機関車が牽引するワゴン・リと思しき列車のイラストが描かれている。洋風料理なのが救いだけれど、包装紙をほどく前だったら、何だかミスマッチ。本当は、軽いフレンチやケーキセットの方が雰囲気的にはぴったりであろう。特別展が終われば、車内はティータイムのカフェに戻るとのことだ。

動くわけではないけれど、本物の「オリエント急行」に乗ったので、一時ヨーロッパを優雅に旅している気分が味わえた。かつて旅したヨーロッパのことを懐かしく思いだし、ノスタルジックな時空を超えた時間を過ごした。最近、豪華列車が話題になっているけれど、私が乗ってみたいのは、「ななつ星」でも、「四季島《しきしま》」や「瑞風《みずかぜ》」でもなく、ヨーロッパを走る「オリエント急行」。乗ってみたいと改めて思った。

（2017年7月8日乗車）

⑥

新型特急リバティ（東武鉄道）
【浅草駅（東京）➡東武日光駅（栃木）】

新車両に乗って由緒ある地を訪ねる

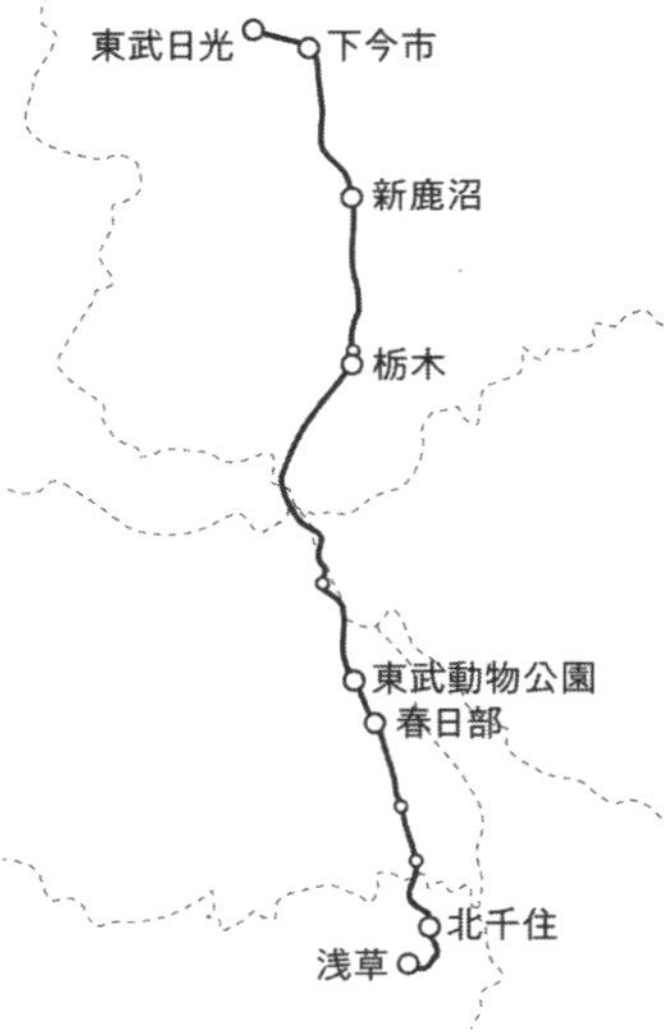

２０１７年４月にデビューした東武鉄道の新型特急リバティ（Ｒｅｖａｔｙ）に乗って、修復工事が完了し４年ぶりに公開された日光東照宮の陽明門を見学する日帰りツアーに参加した。

旅の始まりは［浅草駅］。ピカピカの特急リバティの車両がホームに入ってくると誰もがカメラを向ける。シャンパンベージュを主体にしたスタイリッシュなデザインは、従来の東武の特急電車とは一線を画するようで、新たな時代の始まりを予感させる。車内に入ると何もかもが真新しくピカピカで、新車独特のにおいがしてワクワクする。江戸紫の

リバティ車内

シートは腰掛けやひじ掛けまでもが江戸風味のデザインでしっとりとした和の雰囲気だ。席に落ちつく間もなく、横断幕を持って手を振ってくれる駅員さんたちに見送られて静かに発車。ゆっくりと隅田川を渡り始めると、左前方には東京スカイツリーが聳えている。「北千住駅」に停車し、何人かの乗客を乗せると複々線区間に入る。ぐんぐんスピードを上げるものの、揺れもなく車内も実に静かだ。フルアクティブサスペンションという車体動揺防止制御装置のおかげだろう。とても疾走している電車内とは思えない。

車内らしからぬものといえば、窓と窓の間の柱もそうだ。よく見かけるようなまっすぐ

リバティ車両外観

な柱ではなく、ちょっとくびれた江戸小紋の縁起物「トンボ」をモチーフとした洒落たデザインでしかも茶色。和室でくつろいでいるかのような錯覚を起こさせるユニークさだ。天井を見上げると白く波打つような造形となっていて、これは川を連想する。すでに渡った隅田川や荒川、これから渡る利根川、渡良瀬川、今日は渡らないけれど鬼怒川温泉に行く時に渡る大谷《だいや》川、鬼怒川というようにリバティの走るところは川と切っても切れない関係にある。リバティの愛称には隠しテーマとして「川」(R・i・v・e・r)の意味も含まれているのでは、と想像する。

[春日部駅]にも停車し、[東武動物公園駅]

で伊勢崎線と分かれ日光線に入ると、それまでの家屋やマンションがぎっしりと林立した住宅地から一変して、広々とした関東平野が車窓から見渡せる。のびやかな気分となったところで長大な利根川橋梁を一気に渡る。川の土手には菜の花が咲き誇っていて、春になったことを実感する。リバティは北へ北へと進む。

静かな車内が急に賑やかになってきた。貫通ドアが開いて、日光東照宮の「百物揃千人武者行列」をイメージした鎧武者が乗客一人一人に日光銘菓の甚五郎煎餅を配り始めたのだ。金と黒の鎧は日光らしい雰囲気であり、これから訪れる日光のPRを兼ねたイベントである。思わぬプレゼントに誰もが顔をほころばせて受け取っていた。

JR両毛線と連絡する［栃木駅］を出て、［新鹿沼駅］を通過するあたりから、左手遠くには雄大な日光連山が見えてくる。まだまだ山頂付近は雪が残り、冬の雰囲気だ。やがて日光杉並木が右手から姿を現し、東武鉄道唯一の山岳トンネルである十石坂隧道をあっけなくくぐり抜けると下今市駅に到着する。SL復活運転に合わせて構内は大改造が行われ、機関車の方向転換をする転車台の設置や赤レンガ色の車庫の新設など大変貌を遂げた。［下今市駅］を出ると、東武鬼怒川線と分かれ、いよいよ日光だ。山並みが迫る中を最後

東武日光駅での歓迎

の力走とばかり勾配を駆けあがり、JR日光駅の脇を通過すると浅草駅を出て1時間50分足らずで「東武日光駅」に到着する。
ホームに降り立つと、旅館の女将さんたち、観光協会の方々、それに日光仮面という着ぐるみのキャラクターや車内で一緒だった鎧武者が乗客を取り囲んで大歓迎してくれた。横断幕も2つ出て、もみくちゃになりながら記念写真を撮ったり握手をしたりと大賑わいだ。
人ごみをかき分け、やっとのことで改札を出ると、出迎えの観光バスに乗って駅を離れる。数分で昼食会場に到着し、日光名物の湯葉がメインになった栗おこわの御膳をいただいた。ゆっくりと同行者の方々と会食の後、

日光東照宮

歩いて日光東照宮へ。東京よりは5度くらい気温が低いのではと思われるほど肌寒かった。しかし、修復が終わり公開されたばかりのまばゆいほどに光り輝く陽明門を眺めていると寒さを忘れ、門をくぐって境内をのんびりと散策した。

真新しい車両に乗って、古くて由緒あるものを訪ねる旅。SL列車も復活し、日光・鬼怒川エリアは、都内を出発したときから戻ってくるまで、楽しみがぎっしり詰まった魅力的な観光ルートに生まれ変わった。次回は、リバティに乗って鬼怒川温泉や会津方面に旅してみたい。

（2017年3月10日乗車）

7

新型特急ラビュー（西武鉄道）
【小手指駅（埼玉）⬇池袋駅（東京）】

個性的なフォルムと贅沢なリビングのような空間

「いままでに見たことのない新しい車両」というキャッチフレーズで噂になっていた西武鉄道の新型特急電車Ｌａｖｉｅｗ（ラビュー）。その報道関係者向け内覧会と試乗会が行われたので、埼玉県所沢市にある小手指車両基地に赴いた。

ラビューの特徴ある先頭部

概要説明と西武鉄道会長の挨拶のあと、まずは内覧会。銀色の砲弾のような車体が目に入る。隣に並ぶ現行のニューレッドアローと比べても、その個性的なフォルムがよくわかる。サイドには従来の車両よりも大きな窓が並ぶ。すでに車内見学をしている人の姿が手に取るように分かるのが興味深い。

いよいよ車内へ。黄色のシートがまばゆいばかりだ。黄色にしたのは、西武と言えば黄色い電車というイメージがあるからだと、デザインを担当した世界的建築家の妹《せ》島《じま》和《かず》世《よ》さんのことば。からだが包み込まれるようなシートは座ってみると心地よい。車両の愛称であるＬａｖｉｅｗのＬはＬｕｘｕｒｙ（贅沢）でＬｉｖｉｎｇ（リビング）のような空間からきているとのことだが、前のシートを転換させて４人で向かい合って座ると、まさしくリビングで寛いでいるような錯覚に囚われる。窓が大きく、膝が外から丸見えになりそうな感じなので、鉄道車両に乗っているというよりは、ガラス張りの部屋が動き出したような気分である。

向かい合わせにすると、背面テーブルは使えないけれど、肘掛あたりからインアームテーブルを取り出してセットすることができる。コンセントも各席にあるので、スマホやタブレットの充電もでき安心して過せる。

車内を移動してみると、トイレも大型の多目的トイレ、男性小用トイレさらには女性が化粧を直すためのパウダールームまであり至れり尽くせりである。

内覧会が終わったあとはいよいよ試乗会である。駅のホームからではなく、車両基地に停まっている車両に飛行機のタラップのような仮設の乗降場所から直接乗りこむのは、なかなか体験できることではない。

あらかじめ指定されたシートに座る。ぎっしり満員ではなく、４人向かい合わせにした席を独り占めできるのは嬉しい。電車はゆっくりと車両基地をスタート。定期列車ではないので、停止や発車を繰り返し、車両基地を出るのを名残惜しむかのように時間をかけてのろのろと進む。入庫する電車や本線を走る電車に遠慮しつつ、ポイントを幾つも渡って、ようやく［小手指駅］の上り1番線ホームに滑り込んでいった。

しばらく停車して池袋方面へ向かう快速急行が発車した後、追いかけるように動き出した。揺れもなく滑るようにホームを離れる。私が乗った2号車は電動車なのだが、予想以上に静かで快適だ。さすがに線路際は住宅が多く、広々とした車窓は望めない。それでも、時折、田畑や雑木林が車窓をかすめ、一瞬ホッとする。踏切では、驚いたような表情の通行人がラビューを見送っていた。

西武球場前から延びてきた単線の西武狭山線と合流すると［西所沢］を通過。それを潮にちょっと立ちあがって最後尾の1号車をのぞいてみた。ロマンスカーのような展望室はないので、見晴らしはよくないけれど、運転台の脇から線路が流れ去っていくのが見えた。カーブしながら築堤を駆けあがるとき、遠く横浜方面からやってきた東急の電車とすれ違う。東京メトロ副都心線を介して直通運転を行うようになって以来、西武池袋線を走る車両のバラエティが驚異的に増えた。やがて、西武新宿線の複線の線路をまたぐと［所沢］

東久留米付近の車窓

到着である。
　2号車の席に戻る。所沢を発車すると、左側には西武新宿線の本川越方面へ向かう電車が見える。しばらく並んで進み、ラビューは右へ曲がって新宿線と別れる。右手には池袋線の複線の線路とは別に単線の線路が並んでいる。これは、JR武蔵野線との連絡線だ。ラビューは、山口県下松市にある日立製作所で誕生後、JR線を使って延々と回送され、武蔵野線からこの線路を経由して西武鉄道へと運ばれてきたのである。
　武蔵野線への連絡線が右へと消えていくあたりで埼玉県から東京都へと入る。その武蔵野線を跨いで［秋津］を通過、都心へ向かって快走を続ける。住宅や畑、雑木林と武蔵野らしい郊外の風景の中を進み、時折小川を渡る。何回も通ったことのある路線なのだが、格段に大きな窓から眺める車窓は新鮮だ。日常的な西武線を見慣れない銀色の車両が現われたのに気づいた沿線の人が慌ててスマホを取り出して撮影を試みている。上手く撮れたのだろうか？

［清瀬］［東久留米］［ひばりヶ丘］と通過し、［保谷駅］の手前の車両基地では、線路脇に保存されている小型の蒸気機関車と電気機関車が目に留まった。西武の大先輩にあたる車両たちはラビューをどんな気持ちで出迎えているのだろうか？

［大泉学園駅］を過ぎると高架線に駆け上がり、［石神井公園駅］からは複々線の線路の一番北側を快走する。右隣を進む各駅停車の電車をあっさりと追い抜く。先頭車両の運転台後部にやってきて前面展望を楽しむ。といっても展望車両ではないので、広々としたパノラマを味わえるわけではない。とはいえ、ニューレッドアローの先頭車は、運転台のすぐ後ろはデッキだったので座席から前面展望は一切楽しめなかっただけに、ガラス越しにわずかとはいえ前面展望のチャンスがあるラビューは鉄道ファンや子どもたちにとっては嬉しい構造である。再び2号車に戻ると、電車はいつしか地上を走る複線区間に戻り、

パウダールーム、久野知美アナ

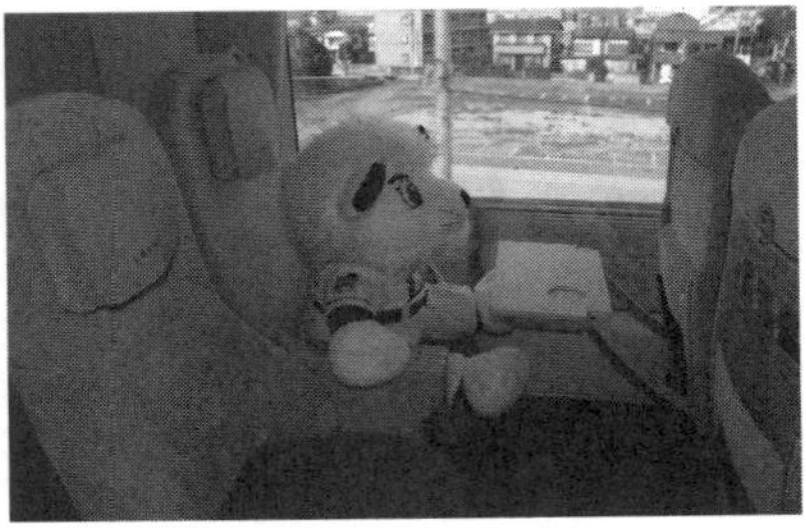

西武ライオンズのレオも試乗

［江古田］付近を走っていた。［椎名町］を通過し、ＪＲ山手線を跨ぎながら大きく左へカーブすると、ゆっくりと［池袋駅］のホームへ滑り込んでいった。

40分程のミニトリップは、快適で大変充実したものだった。とはいえ、都市近郊の車窓ばかりだったのは残念だった。3月16日のデビュー後は、飯能から西武秩父へ到る山岳風景を大きな窓から堪能したいと思う。余談だが、ラビューの自動アナウンスは、レストラン電車「52席の至福」に続いて女子鉄アナウンサーの久野知美さんが担当することになった。こちらも楽しみである。

（２０１９年2月14日乗車）

取材協力＝西武鉄道、ホリプロ

8

近鉄の汎用特急

【近鉄名古屋駅（愛知）➡大和高田駅（奈良）】

汎用特急で歴史ある町を走りゆく

近鉄特急というと豪華観光特急「しまかぜ」や個性的な特急である「伊勢志摩ライナー」「アーバンライナー」、2階建ての「ビスタEX」などが有名で、そうした列車には好んで乗ってきた。しかし、その陰に隠れ、地味ではあるが多数派といえる「汎用特急」に

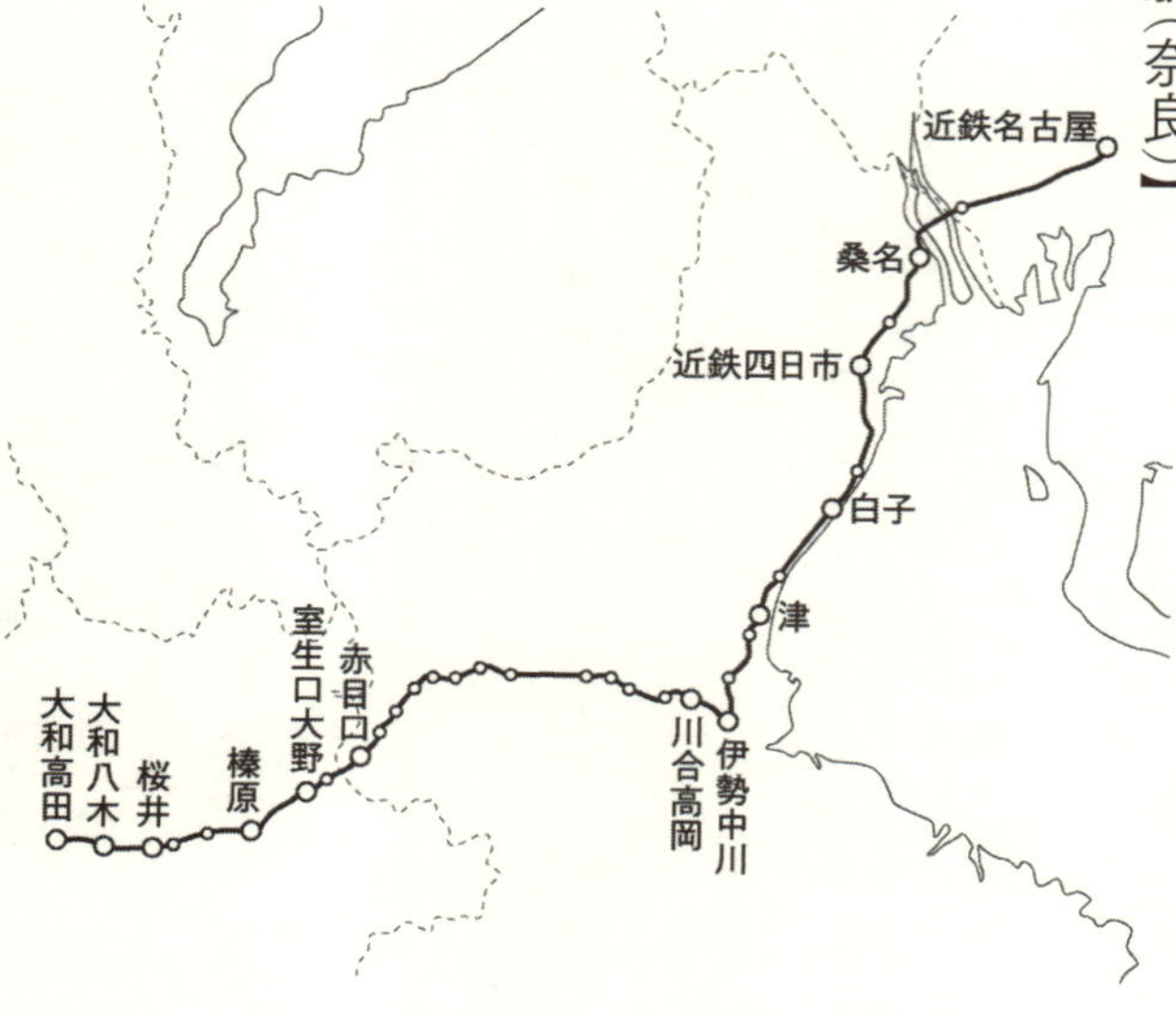

近鉄特急

は、あまり乗ってこなかった。今回は、奈良県内の大和高田まで出かけようと思い、調べてみると、手前の大和八木まで近鉄名古屋駅から、名阪乙特急を利用するのが便利なので、汎用特急、近鉄名古屋発大阪難波行きに乗車した次第である。

名阪特急といえば、三重県の県庁所在地である津に停車する以外は、大阪市内の鶴橋までノンストップの「アーバンライナー」が脚光を浴びている。しかし、桑名、四日市といった主要都市の駅にこまめに停まっていく乙特急が1時間に1本程度走っているのだ。車両も雑多な新旧取り混ぜた編成で、どんな車両に当たるかは分からない。そうした期待と不安が入り混じる中、あらかじめネットで予約して、東海道新幹線で東京から名古屋へ向かった。

最近、近鉄の汎用特急は半世紀ぶりに塗装を替えつつある。しかし、ホームに入ってきたのは馴染みのある紺とオレンジのツートンカラーの車両だった。よく見ると、6両編成のうち先頭の2両はクリスタルホワイトをベースにブライトイエローとゴールドを加えた新塗装。私が乗る車両は3号車なので、旧塗装車だった。

近鉄特急車内

旧塗装だけあって、車内はやや古めかしくも懐かしさの漂うインテリアだ。コンセントやカップホルダーなどは無論ない。肘掛から取り出す形のテーブルも意外に小さく駅構内の売店で買った弁当を載せるには少々手狭だ。最近の新型車両に乗り慣れてしまうと粗ばかりが気になる。全車リニューアルされるのを待ちたい。

電車は地下から地上に出ると、快適なテンポで走り始める。JR関西本線に比べると、近鉄名古屋線沿線のほうは、宅地が多く活気がある。

木曽川、長良川、揖斐《いび》川の大河を一気に渡ると三重県に入り、［桑名］［四日市］と停まっていく。このあたりは、JRをはじめ、ナローゲージの三岐《さんぎ》鉄道北勢線、養老鉄道、三岐鉄道などバラエティに富んだ車両が目に留まり、鉄道ファンにはこたえられない。［白子］付近では伊勢鉄道の高架橋が遠くに見え、［津］ではJR線と再び合流する。県庁所在地だけあって、かなりの乗客が降りていった。観光客よりもビジネス客や所用で乗っている人が多いようだ。津から乗ってくる人も少なからずいて、都市間連絡特急の様相を呈している。［伊勢中川］の手前で減速すると右に大きくカーブしてショートカットの単線の線路を進み、近鉄名古屋線から大阪線へと転線する。左側の席は急に日が差し始めたので、慌ててカーテンを閉める人が目につく。転線が終わったところでスピードを上げ、いよいよ山越え区間へと進む。

大阪線に入って最初の通過駅は［川合高岡］。ちょっと分かりづらいけれど、JR名松《めいしょう》線が接近してきて、すぐ近くに一志という名松線の駅もある。隣合わせではないけれど、

近鉄特急車窓。西青山〜伊賀上津

乗り換えに使う人がいるという。もっとも名松線の列車本数が少ないので、車窓から名松線のディーゼルカーを目撃できる確率は極めて小さいだろう。しばらくすると、電車は雲《くも》出川《ずがわ》を渡る。川は、その後、ふたたび接近した後、遠ざかっていく。対岸を名松線が走り、雲出川と絡み合うように山の中へ消えていく。

周囲はすっかり山岳地帯だけれど、複線で急カーブはないので、電車は100キロ前後の速さで気持ち良く走っていく。やがてトンネルが増えるものの、減速するでもなく、ぐんぐんと関西地区へ向かって駒を進める。

長大な新青山トンネルで布引山地を一気にくぐり抜け、盆地にさしかかると「名張」に

新塗装の近鉄特急が並ぶ大和八木駅

停車する。まだ三重県ではあるけれど、名古屋圏から関西圏に変わる。このあたりからは大阪へ向かう人も多いだろうと思ったのだが、一人乗ってきただけ。車内は空いた状態で先を急ぐ。

赤目四十八滝の最寄り駅［赤目口］を過ぎると再び山岳地帯に突入する。宇陀川《うだがわ》を何回も渡るうちに奈良県に入り、女人高野《にょにんこうや》の名で知られる室生寺の最寄り駅［室生口大野］を通過する。しばらく山あいを走り抜け、ビルが目につく市街地に差し掛かると宇陀市の中心［榛原《はいばら》］を過ぎ、榛原トンネルを通り抜けると、再び山間部となる。起伏ある田園地帯に点在する農家をやや高いところから俯瞰する車窓は見ごたえがある。

ボタンをはじめさまざまな花が咲き誇り、源氏物語や枕草子ゆかりの長谷寺。その名を冠した駅を通過し、しばらく山の中を走って短いトンネルを抜けると、次第に人家が増えてくる。高架に駆け上がり、左下にJR桜井線のホームや構内が見えてくると通過するのは［桜井駅］だ。遠い昔、母に連れられて2階建てビスタカーに乗って名古屋と大阪を行き来したとき、ツートンカラーのディーゼルカーが見えてくると山越えが終わったことを実感したものだった。現在は電化されている桜井線。今回、電車の姿は見えなかった。

すっかり平坦で住宅の多い地域を走り、右手に大和三山の一つ耳成《みみなし》山が見えてくると、電車は減速し、［大和八木駅］に停車する。この日は、ここで下車。右に大きくカーブして大阪難波を目指す特急を見送った後、後続の大阪上本町行き区間準急に乗り換えて大和八木から3つめの［大和高田駅］で下車した。

平坦な近鉄名古屋線、山間部を走り抜ける近鉄大阪線、歴史を感じさせ由緒ある駅名の続く沿線は変化に富んだ車窓とともに充実した旅だった。

（2018年10月18日乗車）

9

特急スノーモンキー（長野電鉄）
【信州中野駅⬇長野駅】（長野）

冬の信濃路を快適に走る旅

飯山付近での所用からの帰り、ＪＲ飯山線で長野まで出ようとしたら、列車が出たばかりで、夕方なのに1時間半も列車がないことが判明した。北陸新幹線には長野駅から乗ることになっているので、どうしたものだろうかと思案していたら、ふと千曲川をはさん

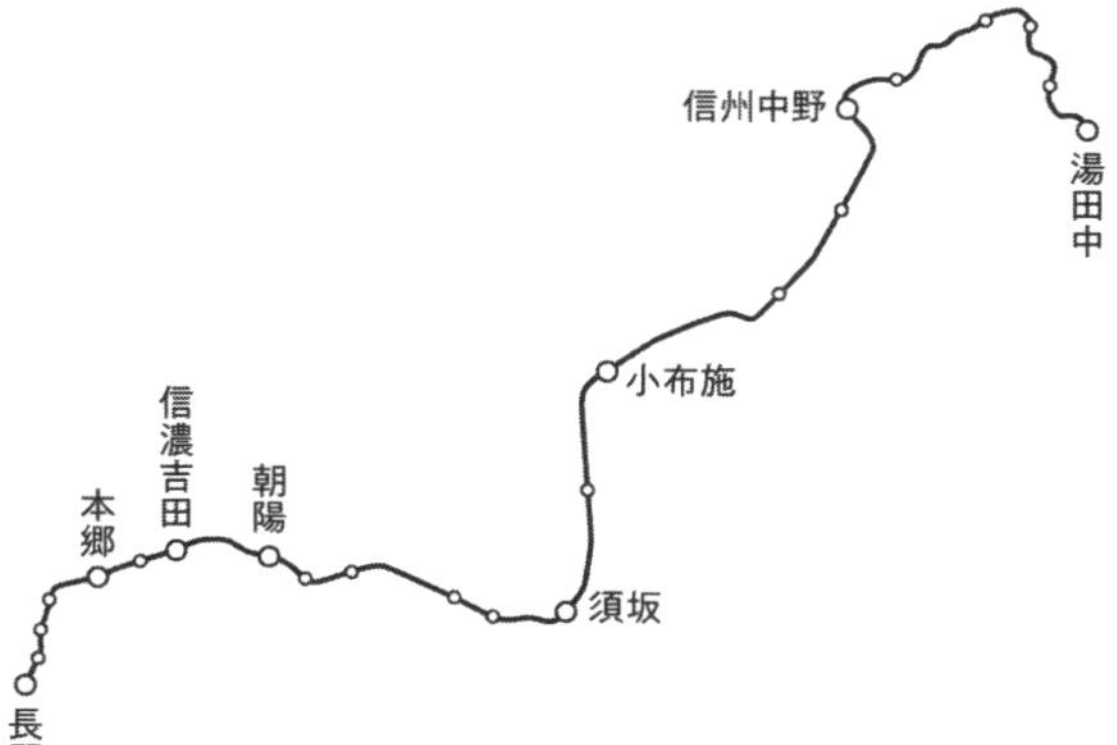

元NEXの長野電鉄スノーモンキー

だ対岸に長野電鉄の信州中野駅があることに気付いた。最寄りの駅までクルマで送ってもらえることになっていたので、お願いしてみたら、15分程で行けるとのこと。かくして、長野電鉄を利用して長野駅まで行くこととなった。

長野電鉄の「信州中野駅」は、特急停車駅でもあることから、白い駅ビルの堂々とした駅舎だった。次の列車は、この駅始発の特急スノーモンキー。元小田急ロマンスカーの特急「ゆけむり」には乗ったことがあるのだが、スノーモンキーは初めてだ。わずか１００円の特急券をプラスして長野までの乗車券を買ってホームに出た。しばらくすると、長野駅からの特急スノーモンキーが到着した。これが折返しの長野行きとなる。車両は、かつてJR東日本の成田エクスプレスとして活躍した253系電車で、ぱっと見た感じでは、JR時代そのままのようだ。3両編成の先頭車両に乗り込むと、まんなかのテーブルをはさんだ4人掛け席を中心に、いわゆる「集団見合い」のクロスシートとなっている。数人しか乗りこまなかったので、全員が車両後半の進行方向を向いたシートに座り、車両前半の後ろ向き席には誰も座らない。席を確保して前方を俯瞰すると無人の席ばかりだった。

スノーモンキー車内

あとで知ったことだが、最後尾の車両は、元グリーン車でゆったりした座席ですべて進行方向に換えられるとのこと。慣れた人は、料金が同じなので、迷わず元グリーン車に座るのかもしれない。それゆえ、空いているのは、この車両特有のことかもしれず、ある程度割り引いて考えなければならないだろう。

定時に発車すると、電車はなだらかな山並みを背景にして、のんびりと走っていく。日没時間が近づいているので、西側に座ると眩しい。半分だけブラインドを降ろしつつも何とか車窓を眺めながら過ごした。10分程で、最初の停車駅［小布施《おぶせ》］に到着。近年人気上昇の観光地だけあって、10人近く乗ってきた。相席を避けるためか、前半の進行方向後ろ向きの席にも何人か座り、賑やかになってきた。

リンゴ畑の中を進み、［須坂《すざか》］に停車した後、しばらくすると千曲川を渡る。村山橋と言って、かつては道路と一体となった風変りな鉄橋として有名だったが、近年、道路と線路は別々の橋となった。鉄橋の架け替えに合わせて路盤もよくなり、電車は気持ちの良い走りで通過していった。次第に農村風景が市街地の車窓となっていく。［朝陽《あさひ》駅］に停まったあとは複線区間に入り、都市近郊電車の様相を呈してきた。

少し前まではJR信越本線だったしなの鉄道北しなの線の線路を跨ぎ、［信濃吉田駅］［本郷駅］とこまめに停まると、やがて電車は地下に潜る。これから4つの駅は地下にあり、さながら長野市の地下鉄みたいだ。善光寺下駅は通過するものの、［権堂駅］［市役所前駅］と各駅に停まっていく。気づくと車内はかなり席が埋まっていた。特急券が100円と安いせいか、学生らしき若者も目立つ。プチぜいたくといったところだろうか。

［信州中野駅］から39分で終点［長野駅］に到着。ホームに降りて、車体を丹念に眺めると、最後尾車の側面には大きな猿の写真が貼ってあった。二匹の猿が温泉につかった滑稽な姿で、長野電鉄の終点湯田中駅近くにある地獄谷温泉の写真である。外国人観光客にも人気のスポットで、列車名のスノーモンキーは、これに由来する。小さなスノーモンキーのロゴよりもインパクトがある写真だ。

長野電鉄スノーモンキーの車窓。信州中野～小布施

飯山線の代わりに乗った長野電鉄だったが、特急電車ということもあり快適に過ごすことができた。機会があれば、久しぶりに湯田中まで乗り通して、次回は本物の猿たちに再会したいと思う。

（2017年5月19日乗車）

⑩

臨時座席指定列車「Ｍｔ．ＴＡＫＡＯ号」（京王電鉄）
【高尾山口駅➡新宿駅】（東京）

行楽地で楽しんだあとはのんびりと

２０１８年２月に京王電鉄初の座席指定列車「京王ライナー」がデビューし、長年京王線に乗ってきた中で、初めてクロスシートに座ってのミニトリップを楽しんだ。

新宿発京王八王子行きと橋本行きの２つの電車で車窓を眺めるために、少

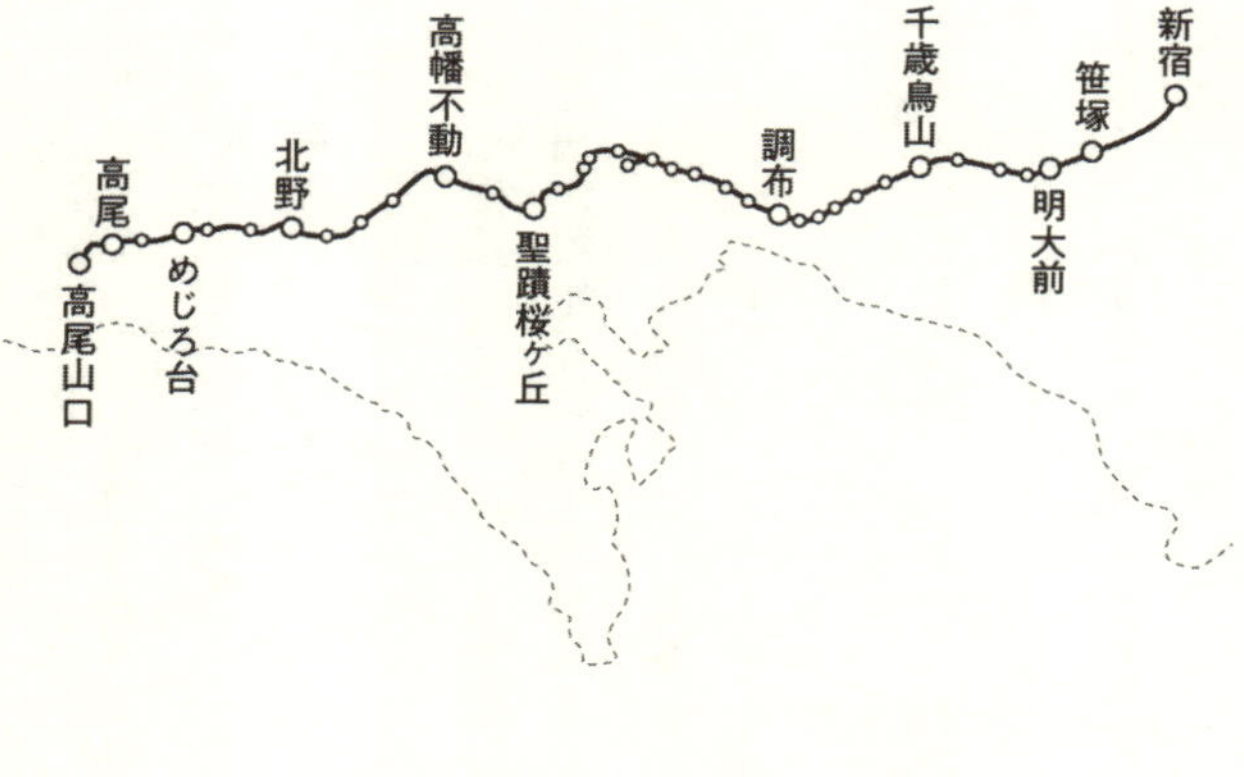

京王ライナー

しでも早い時間帯の列車でしかも夏場の夕方に照準を合わせたわけだが、それでも京王八王子や橋本に到着する頃には薄暗くなっていた。もっと明るい時間帯に乗ってみたいと思っていたら、高尾山の紅葉シーズンである11月に9日間限定で臨時座席指定列車「Mt.TAKAO号」を運転するという。新宿発はなく、行楽客の帰路にターゲットをしぼった高尾山口駅発の上り列車のみで、土休日は2本、平日は1本。いずれも午後3時過ぎの発車である。土休日運転の午後5時発車は、闇の中を走るので、最初からパスして、空いていると思われる平日運行の列車に乗ることにした。

通常の京王ライナーはネット予約もでき、シートマップで席が選べるので便利なのだが、今回の臨時列車は発車当日の高尾山口駅での発売のみとのこと。先着順なので少しでも早めに高尾山口駅へ向かわなければならない。といっても早朝から出かけるだけの根性もなく、お昼前に［高尾山口駅］に到着した。

改札口を出ると、Ｍｔ．ＴＡＫＡＯ号指定券の特設売り場が目に入った。わざわざ複数の係員が机を並べて指定券を売っている。まわりでは別の係員が呼び込みに余念がない。ともあれ、まだ満席ではないようなので、さっそく指定券を購入した。「席は選べません」とのことで、一応窓側を希望したのだが、入手した券は通路側だった。すでに半分以上の席は埋まっているような感じであった。往年の高尾山口行きの電車に取り付けてあったヘッドマークをデザインした紙に、発車時刻や席番が記入されている凝った座席指定券だ。

発車までは3時間ほどある。時間つぶしに駅裏にある京王高尾山温泉に向かい、昼食を取ってから、入浴してのんびり過ごした。高尾山の山並みが見える露天風呂は雰囲気抜群である。

Ｍｔ．ＴＡＫＡＯ号発車の30分くらい前に、再び高尾山口駅へ戻る。10分前に電車は回

京王ライナー車内

送でホームに入ってくるとのこと。とりあえず、ホームの先頭に行き、狭い場所で何人もカメラを構えている人がいたが、譲り合って電車を待った。やがてトンネルからピカピカの5000系が現われ、ホームに滑り込んできた。

各車両のドアは一つだけ開いた。すべての車両に係員がいて、指定券をチェックしながら車内へ誘導していた。全車指定なので慌てる人はいない。順序良く自分の席を探して座っていた。私の席は後がドアになる場所の通路側。窓から外を眺めるのに不便ではない。窓側席の人もゆったりと腰かけていたので、車窓もよく見える。まずは一安心である。

ほぼ定時に発車。すぐにトンネルに入り、抜けると山腹に敷かれた単線の線路を走る。紅葉は今ひとつの染まり具合。今年の紅葉ははずれみたいだ。

すぐに乗務員が二人がかりで車内をまわり始める。指定券のチェックかと思ったら、乗車記念カードを配っていた。薄い木製のカードで、５０００系のイラストとＭｔ．ＴＡＫＡＯ号の文字が入り、よく出来ている。乗った甲斐があった。

電車は、あっという間にＪＲ中央本線と合流し［高尾駅］へ。新宿までノンストップとのことだったが、早くも停車する。もっともドアは開かない運転停車だ。１分前に高尾山口駅を発車した特急の続行運転だからやむを得ない。新宿にはその特急よりも遅く到着する列車ダイヤなので、追い抜くこともなく、時間調整を兼ねて特急停車駅での運転停車を繰り返すみたいだ。

高尾駅付近のイチョウの木が黄色に染まっているのに見とれているうちに、高架から掘割区間へ入る。両側を緑で覆われた中を走るのが爽快だ。ホームの先端でカメラを構えている鉄道ファンが目につくとスピードを落として［めじろ台］到着。ここでも運転停車となる。

JR横浜線の線路をまたぎ、京王八王子からの本線と合流すると［北野］だ。やはり運転停車をして、高尾線から京王本線に入って一路新宿を目指す。

車内はほぼ満員だが、2つほどクロスシート席が空いていた。車端部の3人掛けロングシートに座っていた人を車掌が空いているクロスシートに誘導していた。せっかく座席指定券を払ったのにロングシートではがっかりする人もいるだろう。ロングシート席の販売は最後にするなど、何らかの対策は必要だと思う。夜間の京王ライナーと異なり、観光列車にはふさわしくない。こうなると、ロングシートを変換してクロスシートにするマルチシートは中途半端に思えてくる。5000系の増備は、車端部もボックス席にするなり、本格的なロマンスカーのような特急車両を望みたい。

［高幡不動］［聖蹟桜ヶ丘］にも律儀に運転停車を繰り返し、多摩川を渡って都心を目指す。［調布］からは橋本方面からの電車も合流し、運行本数が増えるためノロノロ運転になる予感がしたが、それは危惧に終わった。むしろスムーズな走りとなり、準特急が停車する［千歳烏山］もスピードダウンすることなく通過。［明大前］でもきちんと運転停車すると、ホームで電車を待っている人が覗き込むように車内の様子を見ていた。

京王ライナー、多摩川を渡る

普通の特急であれば車内は混雑し、座っていても落ち着かないものだが、高尾山口駅以外で乗ってくる人はいないので、車内は終始ゆったりとして落ち着いた雰囲気だった。

［笹塚駅］もかなりのスピードで通過すると、勢いよく地下にもぐっていった。最後の最後、新宿駅手前で、ホームが満杯だったためか信号待ちをしたのが残念だったが、これは臨時列車をむりやり定期列車の中に割り込ませたためやむを得ないことだろう。信号が変わり、通常の特急や準特急が停車する3番線ではなく、京王ライナーと同じく2番線にゆっくりと滑りこんでいった。

途中駅では一切ドアが開かないという意味

のノンストップであったが、所要時間はともかく快適な雰囲気の臨時列車だった。12月には新宿発高尾山口行きのノンストップ座席指定列車が予定されているようで、京王は俄然積極的になってきた。機会があれば、また乗ってみたいと思う。

（2018年11月21日乗車）

II

優雅で愉快な特別列車に乗って

──観光列車の旅

観光列車の魅力

最近、観光列車がブームとなり、各地で続々と新たな観光列車が登場し話題になっている。その数、100を超えるとも言われ、そのすべてに乗ることは、ある意味大変なことである。そもそも、観光列車とは、移動の手段ではなく、それ自体が観光資源であって、乗るのが目的の列車だ。

したがって、通常の列車に比べて倍以上の時間をかけ、ゆっくり走ることもあれば、観光地の最寄り駅で長時間停車したり、絶景ポイントで徐行したり、写真撮影のために一旦停車したりするサービスもある。車内のインテリアも車窓を見やすいように窓を大きくしたり、座席を窓向きに配置したり、ソファー席で寛ぎながら車窓を楽しむことができたりと工夫している。あるいは、テーブル席で豪華な食事やカフェのようにスイーツやドリンクを取りながら列車旅を楽しめるようになっているものもある。

数多くの列車を網羅的にとりあげると、観光列車だけで大部の本になってしまう。本書では筆者が最近乗車した中から、印象に残ったもの、推薦したいもの、ユニークで気になったものを厳選して取り上げている。

JR九州の「或る列車」は、クルーズトレイン「ななつ星in九州」の流れをくむ豪華列車だ。もっとも、「ななつ星」のように3泊4日といった長時間の列車旅ではなく、わずか2時間あまりなので、豪華列車のエッセンスが凝縮された列車旅ともいえる。スイーツを味わうのがメインなので、飲食に集中できるように車窓を眺めるのを大きな目的とはしていない。むしろ閉ざされて現世とは隔絶された空間で至福の時間を過ごせるような演出が施されていると評価するのが正しいのだと思う。短い時間を過ごすには、かなり贅沢なサービスとそれに見合った価格であり、豪華列車の旅を少しだけ楽しむのに適している。

「ろくもん」「リゾートしらかみ」は観光列車の王道を行く列車であり、この2つの列車を子細に観察すれば観光列車の魅力が見えてくるように思う。人気キャラクターをテーマにした「ポケモントレイン」は子連れファミリーで楽しむにふさわしい。そして「いろは」は定期列車としての破格のサービスであり、厳密な意味では観光列車とは言えないかもしれないけれど、観光客と通勤通学客といった相反する利用者のどちらにも喜んでもらえるようなローカル線の車両のありかたに一石を投じるものとして取り上げてみた。

11 「或る列車」で行く大村線・長崎本線の旅

【佐世保駅⬇長崎駅】(長崎)

先日、ＪＲＫＹＵＳＨＵ ＳＷＥＥＴ ＴＲＡＩＮ「或る列車」に乗る機会があった。「或る列車」は、駅の窓口で気楽に指定券が買える列車ではない。この列車に乗るツアーに申し込む必要がある特別の列車なのだ。乗車時間は2時間20分ほどと、それほど長くはないけれど、豪華列車「ななつ星in九州」に匹敵するほどの特別感たっぷりの車両２両から編成される。「ななつ星」同様、水戸岡鋭治《みとおかえいじ》氏のデザインで列車とは思えない雰囲気の優雅な空間となっている。

「或る列車」には、普通の乗車券はなく、専用ファイルに入った乗車案内がその代わりだ。それを係員に見せて改札を入る。列車が発車する6番乗り場には赤い絨毯が敷かれ、アテンダントさんに案内されて優雅な気分で車内に入った。

「或る列車」は、ＪＲ最西端の駅［佐世保］を発車すると、山に囲まれた市街地を南下す

或る列車

る。天然の良港をもつ街は、その地形の特色として山と海に挟まれた細長い市街地が続くのである。

有田方面から延びてきた佐世保線の線路と合流すると「早岐《はいき》」に到着。8分程停車する。駅に隣接して車両基地があり、発車後、新しい車両の脇を通り過ぎた。蓄電池搭載型ディーゼルエレクトリック車両YC1系である。「やさしくて力持ち」の新型車両とのこと。早く乗ってみたいものだ。

やがて右手に早岐瀬戸が見えてきた。川みたいに見えるが、実は細長い海峡で対岸は針《はり》尾島《おじま》である。しばらくすると瀬戸の対岸にヨーロッパ風の豪壮な宮殿のような建物が現

「或る列車」1号車の車内

われる。テーマパーク「ハウステンボス」のホテルなのだ。博多からやって来る特急列車の終点となる「ハウステンボス駅」はあっさりと通過。しばらくは内陸部を走り、車窓の見どころは、しばらくなさそうなので、食事に専念しよう。まずは軽食に手を付け、それが済んだ頃を見計らって、アテンダントさんがスイーツとドリンクを運んでくる。

第二次大戦後、海外からの引揚者や復員者が大挙乗車した専用列車の始発駅だったことで知られる「南風崎《はえのさき》」を通り過ぎる。「小串《おぐし》郷《ごう》」あたりで海が見え始め、「川棚《かわたな》」を過ぎると大村湾に沿って海岸線ギリギリのところを走る。ところどころで海から遠ざかるところはあるものの、静かな湾の様子が手に取るように分かる。

飲食がメインの列車であるから展望席はないけれど、居間のようなインテリアに合わせて造られた格子状の枠で囲まれた窓から景色を眺めることができる。リビングルームが動いているような感じで、外は大村湾の風景が広がっている。席を立ってステンドグラスのはめ込まれたドアを見てみる。よく観察すると背後に海が映りこちらも面白い車窓となる。

こじんまりとした木造駅舎が印象的な［千綿《ちわた》］を過ぎ、松原あたりからは大村湾とは分かれ、内陸部を走る。そのあたりから、左手には建設中の高架橋が近づいてきて、やがて大村線と並走し始める。九州新幹線西九州（長崎）ルートの線路である。2022年度に暫定開業の予定で、大村線の竹松と諏訪の間には新大村駅ができるようだ。

その間にもスイーツが続々と運ばれてきて、食べるのも車窓を見るのも大変忙しくなってきた。やがて列車は［諫早《いさはや》］に到着、2分程運転停車をしたのち大村線から長崎本線へと駒を進める。

複線の長崎本線を気持ち良く快走し、8分程で［喜々津《ききつ》］に到着。ここから長崎本線は二手のルートに分かれる。特急「かもめ」や快速「シーサイドライナー」は長大トンネル

「或る列車」個室

「或る列車」スイーツの一品

でショートカットとなる新線を通って長崎を目指すが、急ぐ必要のない「或る列車」は、時間はかかるけれど車窓の良い旧線ルートをのんびりたどるのだ。

喜々津を出ると、左へ曲がる新線と分かれて右へ進む。まもなく大村湾が見えてくる。漁船が停泊する入江を見つつ、トンネルをいくつも抜けながら海岸線を丹念にたどっていく。カーブが多くスピードは上がらないけれど、そのため車窓がじっくり楽しめるのがよい。このあたりの段々畑はみかん畑となっていて、車窓からもオレンジ色のみかんが目に留まる。皮が薄く、甘味が強い長崎みかんとして有名であると車内放送で説明してくれた。

［大草《おおくさ》］を過ぎると大村湾とは別れ、山間部をゆっくりと進んでいく。［本川内《ほんかわち》］にはスイッチバックの側線が少し残っていた。九州では数少ないスイッチバックの駅だったが、今は廃止されて普通の駅になっている。

山間部といえども少しづつ開けていき、いつしか長崎市郊外の住宅街となる。［西浦上《にしうらかみ》］を過ぎると、地下から喜々津で別れた新線が顔を出して合流する。左手の道路には路面電車が走り、あっという間に長崎の市街地を走っている。ぎりぎりまでスイーツやドリンクでもてなされ、食べ終わると同時くらいに列車はスピードを落として［長崎駅］のホームに滑り込んでいった。

横断幕を広げたスタッフの人たちの歓迎を受けながらホームに降り立つと、優雅な旅の時間は終わり、雑踏の中で現実に引き戻されるように感じた。もう少し乗っていたいと後ろ髪を引かれる思いで駅を後にした。

（2019年1月17日乗車）

取材協力＝JR九州

或る列車

〔運行会社〕JR九州
〔運転区間〕佐世保～長崎、大分～日田
（季節によって変わる）
〔運　転　日〕土休日、金曜日（毎週ではない）
〔料　　　金〕（飲食込み）25,000～37,000円（一人分）
〔車内サービス〕
・軽食とスイーツコース
1号車 テーブル席／2号車 1名利用or2名利用個室
いずれも相席はない
〔申　　　込〕ツアーデスクまたは旅行会社
（10歳未満のお子様は乗車できない）
〔公式サイト〕http://www.jrkyushu-aruressha.jp/

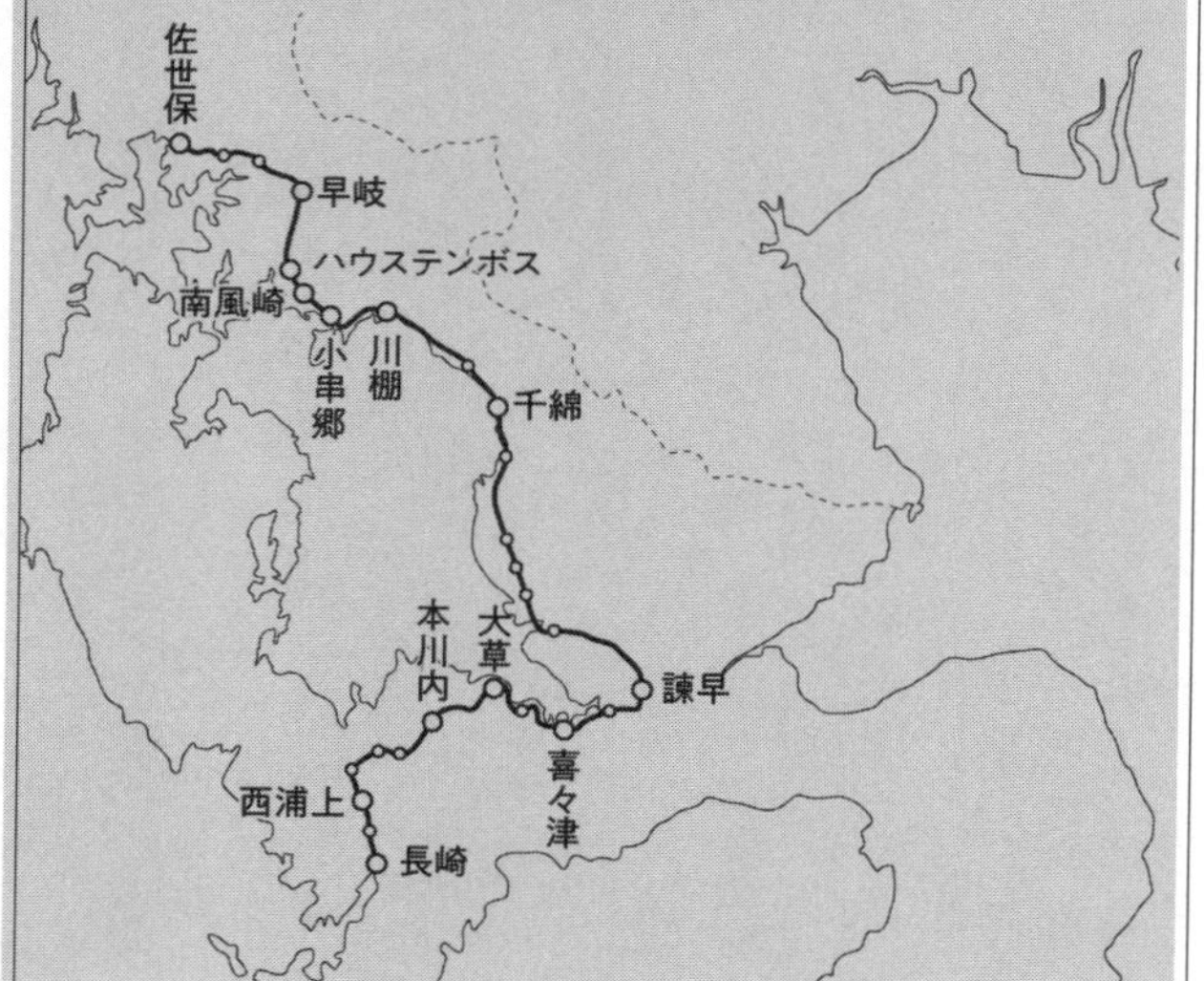

⑫ しなの鉄道の観光列車「ろくもん」

【長野駅➡黒姫駅➡長野駅】(長野)

通常、軽井沢駅～長野駅間で食事付き観光列車「ろくもん」を運行しているしなの鉄道は、「ろくもん」の特別運行によるユニークなプランをいくつも企画している。今回は2019年1月と2月に北しなの線の長野駅～黒姫駅間で初の試みとなる「北信濃雪見酒プラン」を発売するにあたり、試乗会を行った。

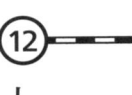

出発は［長野駅］。JR線との共同使用駅で、しなの鉄道の115系を用いたローカル列車のほか、名古屋と長野を結ぶJR東海の特急「しなの」やJR東日本飯山線のディーゼルカーなどバラエティに富んだ列車が発着している。

その7番線に「ろくもん」はすでに停車していた。「ろくもん」恒例の客室乗務員によるホラ貝吹鳴《すいめい》でドアが開き、車内へ入る。案内された席は3号車の和風個室。2人向かい合わせのテーブル席で、通路とは障子で仕切られている。前にも3回ほど乗ったことがあ

ろくもん

り、お馴染の客室だ。すでに食事の準備は整い、箱に入った食事とソフトドリンクが置かれていた。

列車が長野駅を離れると、さっそく地酒が運ばれてきた。佐久市の伴野酒造提供のボー・ミッシェルという低アルコール純米酒でライスワインという愛称がある。私は元来日本酒が苦手で悪酔いしてしまうのだが、このお酒はなめらかな味わいがあって、飲みやすい。もっとも、調子に乗って飲んでしまうと後が怖いので、舐める程度にしておいた。

今回、雪見酒列車を企画した理由の一つは、長野県は全国で2番目に酒蔵が多く、女性杜氏は全国で一番多いので、沿線女性杜氏の地

ろくもんの雪見酒

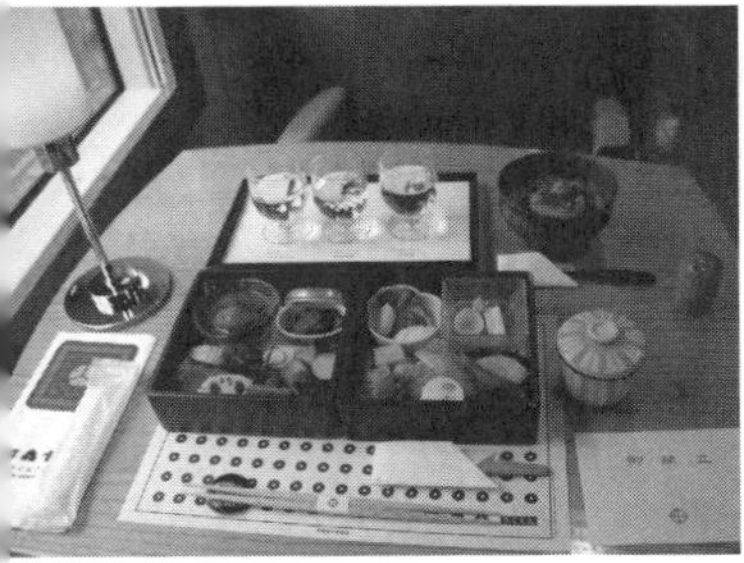

ろくもんの食事

酒をPRして盛り上げたいとの思いからである。

料理も日本酒に合うような中身だ。信州サーモンの煎り酒浸しと地物野菜のうるか豆腐添えという2つの小鉢がメインで、あとは大王イワナ南蛮漬け、人参生姜醤油漬け、ひとくちヒレカツなどたくさんの肴が添えられていた。これらは、ろくもん2号の和食を担当していて長野県内の小布施《おぶせ》にある鈴花という名店が提供したものである。

「豊野《とよの》駅」を出てJR飯山《いいやま》線の線路が右へ分かれていくと、アテンダントさんが再び現れて温かい茶碗蒸しを運んできた。とろろがけ茶碗蒸しなので蓋をあけると一面真っ白である。雪見酒プランということで雪をイメージしたのだという。

雪見にはまだまだ早い秋の車窓からは、赤くたわわに実ったりんご畑や鳥居川に沿った渓谷が眺められる。試乗会の列車に乗り合わせたしなの鉄道玉木社長（当時）お気に入りの車窓とのこと。実際に雪見酒列車が走る頃はどんな情景になっているだろうか？

列車は［牟礼駅］に到着、ここで17分停車する。ホームに降りると、大きな樽をテーブル代わりにして、りんごを並べ、瓶を持った女性が立っていた。牟礼駅のある飯綱町はリンゴの産地で、それを使ったりんごのシードルのＰＲだった。試飲させていただいたシードルはふじりんごと高坂りんごという飯綱町でのみ栽培されている貴重な品種をブレンドしたもの。お酒とは思えない爽やかな飲み心地だった。りんごの産地をアピールするため、駅舎内の玄関上方には飯綱のりんごを描いた壁画が飾られていた。田窪恭治《たくぼきょうじ》画伯が描いたもので、ここに飾られているものは複製だ。原画は、駅からクルマで5分くらいのところにあるアップルミュージアムに展示している。

牟礼駅には山羊の駅長がいるそうで、駅舎から少し離れたところには屋根がなく囲いだけの駅長室があった。もっとも、6月から10月までの決められた日曜日にしか出勤しないので、この日は駅長の影も形もなかった。

何かと話題の多い牟礼駅を発車。ろくもんは、再び鳥居川に沿って走る。車窓を眺めているとアテンダントさんが、今度は焼おにぎり茶漬けを運んできた。ご飯の代わりに焼きおにぎりが浮かんでいるところが風変りだ。これまた美味で、食事の最後を飾るにふさわしいものだった。途中の長い停車時間を含めて55分程で「黒姫駅」に到着。ここでも17分停車して長野駅へ向けて折り返す。黒姫駅のある信濃町は、江戸時代に活躍した俳人小林一茶の生地で、ホームのはずれには一茶の詠んだ「やれうつな　蝿が手をすり　足をする」の句碑が立っていた。駅舎内には、ゆるキャラ一茶さんが乗客を迎えてくれる。駅からすぐのところには一茶記念館があるので、次回訪れたいと思う。

「ろくもん」は黒姫駅で折返し、もと来た道を帰るだけ。それでは退屈する乗客がいるかもしれないので、車内でバイオリンとチェロによる生演奏を聴いてもらうというイベントが用意されていた。地元出身で東京の有名音大を卒業したあと長野県を本拠としつつも全国で活動する2人の若き女性演奏家によるアンサンブルである。エルガー作曲の「愛の挨拶」に始まり、「浜辺の歌」や長野県ゆかりの「早春賦」などの有名な曲を優雅に奏でて

ろくもん車窓。牟礼～黒姫

くれ、聴き惚れてしまった。3号車から2号車、1号車へと演奏してまわるので、誰もが近いところで楽しむことができる。良い企画だった。

かくして、長野駅を発車してからちょうど2時間で再び長野駅に戻ってきた。終わってみればあっという間の旅。飲食をメインに生演奏や車窓を楽しめる何とも贅沢な鉄道旅行だった。本番の運転では、牟礼駅での停車時間がやや長くなるなど、全体的にさらにゆったりした旅となる。雪景色の中を走る列車の旅は楽しみが倍増することだろう。

（2018年10月24日乗車）

取材協力＝しなの鉄道

ろくもん

〔運行会社〕しなの鉄道
〔運転区間〕軽井沢～長野、長野～黒姫、
上田～姨捨～長野（JR線に乗り入れ）
〔運転日〕金、土、日、月
〔乗車プラン&料金〕
・食事付きプラン
洋食（ろくもん1号、軽井沢⇒長野） 14,800円
和食（ろくもん2号、長野⇒軽井沢） 14,800円
・信州プレミアムワインプラン
ろくもん3号、軽井沢⇒長野 14,800円
・クルーズプラン 1泊2日
乗車＋観光＋宿泊 71,800～88,800円
・姨捨ナイトクルーズ（日帰り） 16,800円
・雪見酒プラン（冬季限定）
14,800円
・乗車券＋指定席プラン
（食事なし）
指定席料金1,000円＋
乗車区間の運賃（1号車に乗車）
〔申　　込〕ろくもん予約センター
（0268-29-0069）
平日のみ
しなの鉄道の主要駅、旅行会社
〔公式サイト〕https://www.shinanorailway.co.jp/rokumon/

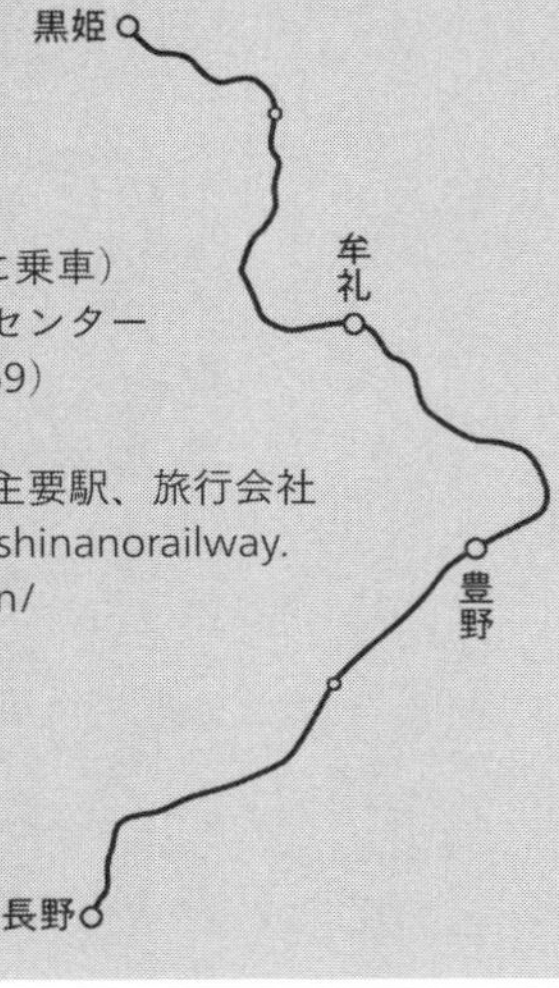

⑬「リゾートしらかみ」冬景色

【弘前駅（青森）⬇秋田駅（秋田）】

すでに何回か乗ったことのある観光列車「リゾートしらかみ」に新型車両が登場したのが２０１６年夏。そのうち乗りたいと思っているうちに冬がやってきた。そういえば、寒々とした日本海の冬景色を見ながら走る「リゾートしらかみ」には乗ったことがなかったので、二つの目的を達成するために東北新幹線「はやぶさ」の客となって新青森を目指した。

ところが、冬にはよくある強風のため秋田発の「リゾートしらかみ」はかなりの遅れが発生したとのことで、その折返し列車となる青森発の「リゾートしらかみ」は、列車ダイヤの遅れを回復するため弘前～青森間が運休になってしまった。やむを得ず、係員の指示に従って、新青森から弘前までオールロングシートの普通電車７０１系で移動することになった。

リゾートしらかみ橅編成先頭部

ようやく［弘前］から「リゾートしらかみ」に乗りこんだ。予定通り車両は、新型の「橅（ブナ）編成」である。ハイブリッド車両で、車内のインテリアもブナにちなんで木をあしらったデザインが多用されている。一般席とコンパートメント（個室）のほか売店とカウンター席があるのは「リゾートしらかみ」にとっては新機軸である。奥山清行氏がデザインしたとのことで、水戸岡鋭治氏のデザインとは異なるものの、飾り棚があるなど、どことなくＪＲ九州の観光列車の影響を受けているようだ。

列車は一旦青森方面へ戻り、［川辺］から進行方向を逆にして五能《ごのう》線に入る。本来なら

リゾートしらかみ橅編成車内

リゾートしらかみ語り部

左手に岩木山が見えるはずだが、この日は曇っていて見えない。景色が楽しめないからというわけではないだろうが、車内で津軽弁による昔話の語りが始まった。先頭車のイベントスペースに行ってみると、地元のおばちゃんが二人、マイクを握って愛想よく話し始めた。しかし、何を言っているのかさっぱり分からない。以前もそうだったが、津軽弁はよそ者には難易度が高い。外国語みたいに字幕があると助かる。

語りが終わる頃には、列車は「五所川原」に停車。さらに進んで「鰺《あじ》ヶ《が》沢《さわ》」を過ぎると待望の日本海が見えてきた。ところが、列車は突然駅でもないところで止まってしまった。

何でも強風のため安全確認が必要とのこと。こんなところで何時間も立ち往生されたらどうしようと不安がよぎる。けれども、10分くらいで運転再開となり事なきを得た。

ごつごつした岩が畳のように海岸に広がる「千畳敷駅」に到着。15分停車する間に海岸を散策できるサービスだが、外は吹雪のようである。しかも先ほどの立ち往生で停車時間は10分程に短縮されるという。それでも、せっかくなのでホームに降りてみた。ホームからでも道路を隔てて海岸がよく見えるのである。さすがに寒いので、誰も海岸まで出かける勇気はないようだ。とはいえ、異形の姿をさらす海岸線を窓越しではなく見ることができ満足だった。

千畳敷から先、五能線はとことん日本海の海岸線を忠実にたどる。人跡未踏のような荒涼とした車窓が飽きることなく続く。先頭車の展望スペースに行き、相客と譲り合いながら海岸線を見たり、撮影をしたりと忙しい。晴れていれば夕陽がゆっくりと日本海の水平線に沈んでいくのが見えるはずだが、この日は鉛色の海が目に入るばかりだ。

しかも冬の日は短く、だんだんと薄暗くなっていく。「深浦《ふかうら》」で青森行きの「リゾートしらかみ」くまげら編成とすれ違う頃には日はとっぷりと暮れ、夜となっていた。車窓が

五能線車窓。驫木〜深浦

楽しめなくなったので、3号車の売店に行ってみた。グッズや飲食物を売っていて、買うものを選ぶのも楽しいものだ。カウンターでドリンクを飲もうかと思ったが、あまりゆったりしているわけにもいかず、買い物客も多かったので落ち着かない。結局、買い物を済ませて自分の席へ戻ってしまった。

　列車は、その後、2時間ほど走って終点「秋田」に到着した。冬場に車窓を楽しもうと思うなら、「ウェスパ椿山《つばきやま》駅」で降りて不老ふ死温泉あるいは、みちのく温泉で泊まり、翌日改めて午前の「リゾートしらかみ2号」に乗り、2日かけて五能線を旅するのが正解かもしれない。（2016年11月29日乗車）

リゾートしらかみ

〔運行会社〕JR東日本
〔運転区間〕秋田～青森（五能線経由）
〔運 転 日〕4月～11月は毎日、1～3往復、
冬季は運休日あり
〔車　　両〕青池編成、橅（ブナ）編成、
くまげら編成の3種類
全車指定　指定券料金＝520円
（閑散期は320円）ほかに
乗車区間の乗車券が必要
〔申　　込〕全国のJRの駅窓口、指定券券売機
〔公式サイト〕https://www.jreast.co.jp/
akita/gonosen/index.html

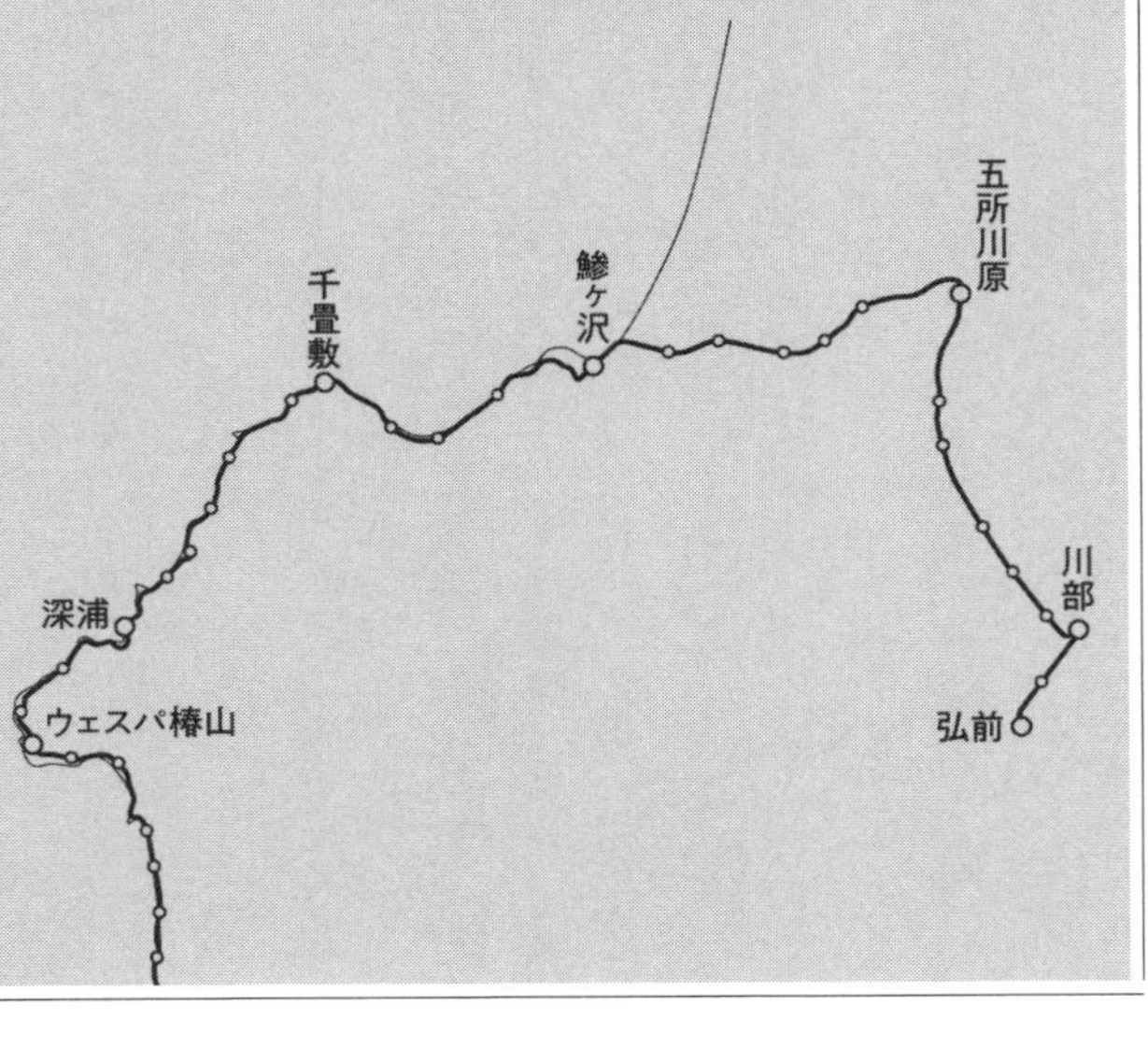

⑭ 愉快なポケモントレインの旅

【気仙沼駅（宮城）⬇一ノ関駅（岩手）】

ポケモンＧＯの流行は一段落したけれど、横浜でポケモンイベントが毎年夏に開催されるなどポケモン人気は根強いものがある。ＪＲ東日本が三陸の大船渡線で震災復興支援の一環として運行しているポケモントレイン気仙沼号も、２０１７年に車両のリニューアルを行い、継続して一ノ関駅と気仙沼駅の間を、週末を中心に走っている。最近、乗車する機会があったのでレポートしてみたい。

諸般の事情から気仙沼発一ノ関行きという午後の便に乗車するため、久しぶりに「気仙沼駅」を訪れた。駅構内の半分はＢＲＴというＪＲが運行するバス乗り場に変身していた。駅舎側の旧気仙沼線ホーム、その向かいの大船渡線の大船渡、盛方面行きもＢＲＴ乗り場になっていて線路はなく、舗装された道路と化している。賑わっているとはいえ、線路がないと寂しく感じる。

ポケモントレイン

道路を横断して左手にかなり歩いたところに停まっていたのが、黄色を基調とした2両編成のディーゼルカー。これから乗車するポケモントレイン気仙沼号一ノ関行きである。後ろの車両から乗車、というよりも先頭の車両にはホームから直接乗車することはできなかった。なぜなら、座席はすべて後ろの車両にあり、先頭車両はこどもが車内で遊ぶためのプレイルームとなっているからだ。発車するまでは、あらかじめ指定された席にとどまっているようにとのアナウンスがあった。

車内はいたるところにポケモン、とくにピカチュウのイラストがそこかしこに描かれている。シートや窓下の壁、荷棚脇のスペース、ドアなど様々な場所にはっきりとしたイラストから、よく見ないと分からないようなシルエットのような図柄まであり、賑やかで楽しい。当然ながら親子連れが多いけれど、若いカップルや、男性二人連れ、おじさんの一人旅など乗客はバラエティに富んでいる。

定刻に発車。ポケモンの音楽が流れ、愉快なアナウンスとともに旅が始まった。先頭車両のプレイルームがオープンしたとのことで、こどもたちが一斉に先頭車へ向けて駆け出した。一方、女性アテンダントさんが乗車記念品を配ってまわる。袋をあけてみると、ピカチュウの缶バッジ、乗車記念証、シールセット、それに「おもいでノート」が入っていた。「おもいでノート」には、車内の案内図、スタンプ押印欄があり、すでに気仙沼駅のものが押してあった。途中停車駅2つと終点の一ノ関駅の欄があり、それは停車時間中に押すことになる。そのため、途中駅の停車時間がかなり長く取ってあるのだ。

とりあえず、先頭車両をのぞいてみた。すでにこどもたちが賑やかに走りまわっている。ピカチュウのぬいぐるみの小さいものを抱きかかえたり、大きなものに触ったりと、見ているだけで目が回りそうだ。列車は、気仙沼の市街地を離れ、大川に沿って丘陵地帯を走っている。

ポケモントレインの
プレイルーム

ポケモントレインの座席

10分少々で、最初の停車駅［折壁《おりかべ》］に到着し、7分停車する。駅名標はピカチュウのイラスト入りのもので、これはポケモントレインの停車駅すべてに共通だ。ホームには、西洋庭園でよく見かけるトピアリーという低木を刈り込んで造った動物が2つ並んでいる。よくみるとピカチュウとツタージャの形をしている。なかなか芸が細かい。

発車後、10分程で次の停車駅［千厩《せんまや》］に到着。ここでは13分も停車する。駅舎内に置いてあるポケモンのスタンプを押しに行けるようにとの配慮からだ。列車が停車のために徐行し出すと、プレイルームで遊んでいたこどもたちはいっせいに自分の席に戻り、「おもいでノート」を持ってドアの前で待機する。どうせこどもと競ったところで列をつくることになるので、駅舎内へ行くのは後回しにして、無人のプレイルームで車内のインテリアをじっくりと撮影することにした。

停車後、車外に出て、ホームの駅名標や列車の外観を撮影してから駅舎内に向かうと、こどもたちと入れ替わりにのんびりとスタンプを押すことができた。ただし、急に雲行きが怪しくなってきたので、小走りに車内に戻ると、突然雨が降り出してきた。何と言うタイミングだろう。発車時間が来て、列車はかなりの土砂降りの中を動き出した。千厩を出ると、列車は大きく右にカーブして、北へ進路を変える。その後、四角形の三辺をたどるように大回りして一ノ関をめざす。鉄道建設時に、沿線から外れそうになった町村が無理やりルートを捻じ曲げて自分たちの集落を通すようにしたため、ナベヅルのような線形になったと言われている。「我田引鉄」の悪しき例とやり玉に挙げられる区間だ。それ以外も、地形のためもあって地図を見るとごつごつした線形で、竜の背中みたいだということでドラゴンレールの愛称が付いている。これは、なかなか秀逸な命名だと思う。

北上しているうちに雨はあっけなく上がり日が差してきた。10分経って「摺沢駅《すりさわ》」に着いたときには、何事もなかったかのようにみんなホームに降り立った。ここでも13分停まって、こどもたちは再び駅舎内へスタンプを押しに走り出していく。

ホームには、カラフルなピカチュウとケルディオの人形が置いてあり、その前で記念写真を撮っている親子連れが目についた。

摺沢駅あたりからは再び西へ向かい、次の［猊鼻渓《げいびけい》駅］付近からは南下する。猊鼻渓駅は渓谷の最寄り駅で、この駅から観光帰りかと思われる人たちが何人も乗ってきた。アジア系の外国人も数名いた。指定券を持っていない人もいたようだが空席があったので、事なきを得たようだ。私の隣は空席のままだったが、あとはほぼ満席になったようである。

大人ばかりだったので、こどもが目についた車内の雰囲気はやや変化した気もする。

西日が車内へ入り込むようになり、すぐ次の［陸中松川《りくちゅうまつかわ》駅］でホームに降りてみたものの、あとに続く人はいなかった。スタンプがあるわけではなく、ポケモンの置物もなく、3分停車だったので、すぐに車内へ戻った。

このあとは時刻表上では一ノ関まで停車駅はないのだが、一つ手前の［真滝《またき》駅］では列車行き違いのため何分か停車した。ドアを開けるとこどもがホーム上をうろうろして危険

猊鼻渓駅に停車中のポケモントレイン

だからだろう。ドアを閉めたままの運転停車だった。終点の「一ノ関駅」では東北新幹線への乗換時間が10分少々しかなかった。一ノ関駅のポケモンスタンプは2ヶ所あるとのことだったが、在来線改札付近のものは押すのを断念して、新幹線乗換改札口のものだけを押した。コンプリートできなかったのは残念だったけれど致し方ない。それでも最初から押印されていた気仙沼駅のものをはじめ、4駅すべては何とか押せたので良しとしよう。

東京行きの「はやぶさ」到着直前に、新幹線ホームからポケモントレインが車庫に引きあげていくのを見送って一ノ関駅を後にした。

（2018年7月1日乗車）

ポケモントレイン気仙沼号

〔運行会社〕JR東日本
〔運転区間〕一ノ関～気仙沼
〔運　転　日〕土休日、平日に運行する日あり
全車指定　指定券料金＝520円
（こども＝260円）ほかに
乗車区間の乗車券が必要
〔申　　込〕全国のJRの駅窓口、指定券券売機
〔公式サイト〕https://www.jreast.co.jp/pokemon-train/index.html

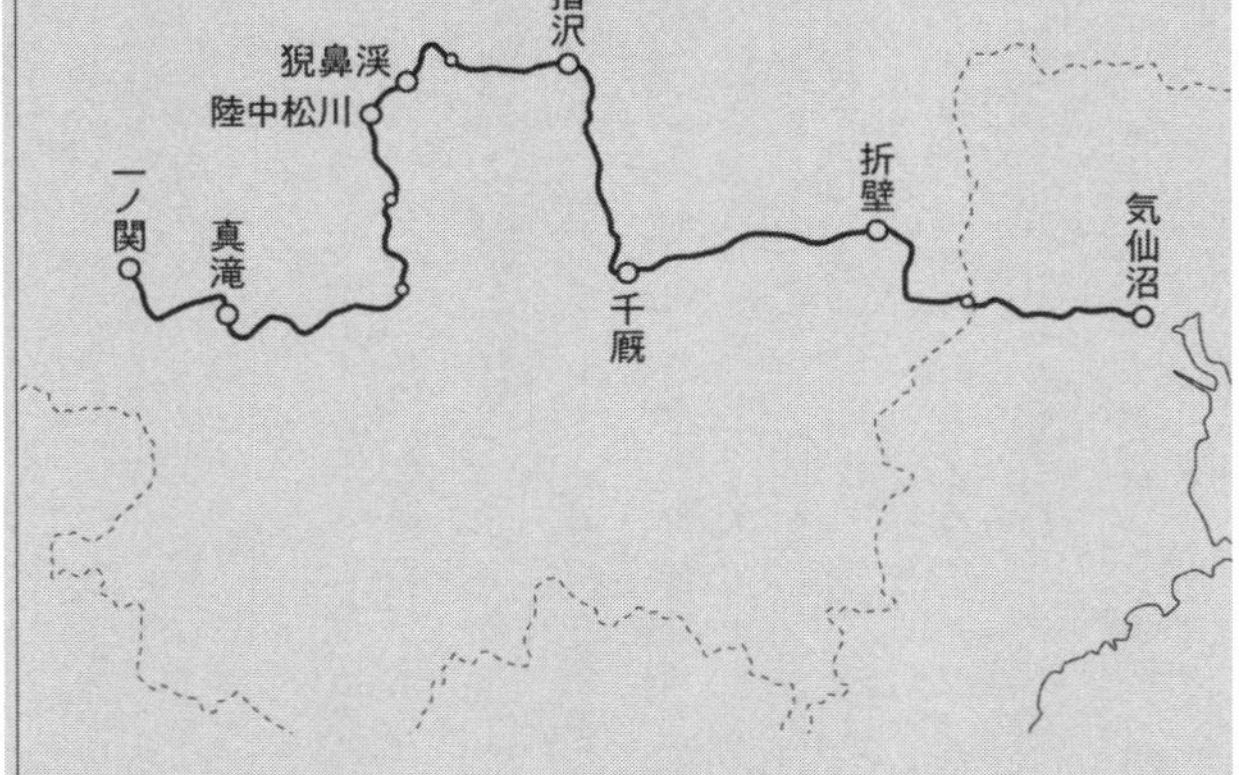

⑮ ＪＲ日光線「いろは」のミニトリップ

【宇都宮駅➡日光駅】（栃木）

６月の終わり頃、ＪＲ日光線の観光用車両「いろは」に乗ることができた。今や、首都圏から鉄道を利用して日光へ向かう人のほとんどは東武の特急を使う。ＪＲのターミナル駅である新宿や池袋からも、途中の栗橋《くりはし》駅から東武鉄道に乗り入れて東武日光駅をめざす特急列車が運転されているのが実情だ。ＪＲ日光線は、もはや定期的に特急が走る路線ではなく、完全に地域の人の足となっている。

ところが、訪日外国人は、日本で鉄道旅行をする場合、ジャパン・レール・パスというおトクなきっぷを利用する人が多い。ただし、このパスはＪＲ全線に有効なのであって、私鉄である東武には使えない。それで、外国人旅行者が日光へ行く場合は、東北新幹線で宇都宮に出て、ＪＲ日光線に乗り換えることになる。ＪＲ日光線に乗ると、地元の人以外で目につくのは、大きなスーツケースを持った外国人旅行客である。

日光駅に停車中のいろは

けれども、現在、ＪＲ日光線を走っている車両は、首都圏から都落ちしてきた２０５系という通勤型電車であって、旅行者向きの車両ではない。オールロングシートなので、車窓は楽しめないし、荷物を置く場所にも苦労するし、地元の利用客の邪魔にもなる。せっかく国際的観光地日光へ向かうのに、この車両は適していないのではないか。日本の鉄道のイメージダウンになってしまうのではないか。そう危惧していた。

こうした観光客の不評がＪＲ当局に届いたのかどうかは知る由もないけれど、２０１８年３月に日光線向けの観光用車両「いろは」が登場したのは、うれしいニュースだった。

元の車両は205系電車ではあるけれど、改造して観光客に便利な車内となった。まず、通勤型の1車両片側4ドアを2ドアにして座席数を増やした。オールロングシートだったのを、ドア付近のロングシートをのぞいて4人あるいは2人向かい合わせのクロスシートに改めた。それも、茶色をベースにしたシックなもので、ゆったりした感じがする。さらに、大きなスーツケースを置くスペースを設け、他の乗客の邪魔にならないようにした。また、日光の観光ポスターを英文のものを多めに掲示して、外国人への情報発信に努めている。工夫すれば観光客をもてなす車両に変身できるのだ。

とりあえず、1編成4両のみのスタートなので、ふらりとJR日光線に乗りに行けば必ず「いろは」に当たるわけではない。ただし、時刻表には「いろは車両で運転」と注釈が付いているから、それを頼りに出かければ「いろは」に会える。そして、特別料金は不要で、乗車券だけで乗れるのだ。

「大人の休日倶楽部パス」の利用期間だったので、東北新幹線に乗り、「宇都宮駅」で下車して日光線ホームへ向かった。しばらくすると、日光発の電車が到着した。予定通り「いろは」だったのでホッとした。

「いろは」の座席

「いろは」の荷物置き場

降車客と入れ替わりに車内へ入る。空いていたので、2人掛けのクロスシートを確保した。しかし、どんどん混んできて、発車間際には、ロングシートにさえ座れない人が出る始末だ。早めに乗車して大正解だった。私の向かいに座ったのはスーツ姿の男性。日光方面へ仕事で向かうみたいだ。東海道本線や横須賀線のクロスシートのように窮屈ではないのはありがたい。ゆったりした座席は好感が持てる。

車内を見まわすと外国人に混じって高校生の集団もいる。平日の昼下がりなので、本来は学校で勉強中のはずだが、時期的に考えると、期末試験の帰りなのではないだろうか？

普通の観光列車とは異なる雰囲気で、ちょっとユニークだ。

定時に宇都宮駅を発車すると、しばらくは東京方面へ戻るように複線の東北本線（通称「宇都宮線」）と並走。かなり経ってから右へカーブして東北本線と分かれる。日光線は電化されているものの単線である。

東武宇都宮線の下をくぐり、最初の駅［鶴田《つるた》］に停車。高校生を中心にかなり下車する。さらに平坦なところをしばらく走って［鹿沼］着。日光線は駅と駅の間が意外に長くて、5分以上かかるところが多い。

さらに進み、林の中を抜け、左手に杉並木が近づいてくると［文挟駅《ふばさみ》］。以前、ここで途中下車して、例幣使《れいへいし》街道の杉並木の様子を見に行ったことがある。舗装されてクルマが走っていることをのぞけば昔とそれほど変わっていないような道だった。

他の日光線の駅同様、文挟駅も駅名標や小さな駅舎の屋根が茶色系で統一されている。「いろは」の車体ともよくマッチして落ちついた雰囲気を醸し出している。外国人に良い印象を与えるのではと思う。

さらに走ると牧場の脇を通過。牛の群れが草を食んでいるけれど、電車が通っても振り

いろは、牧場脇を通過

向いたりはしない。「下野大沢駅《しもつけおおさわ》」では7分停車。何とすれ違うのかなと思っていたら、185系の修学旅行専用電車が宇都宮に向けてゆっくりと通過して行った。

やがて東武日光線と交差する。どちらの線にも駅はない。鶴田駅付近で東武宇都宮線と交差した時も駅はなく、JRと東武は勝手に走っている感じだ。

イマイチなことを「日光の手前」というギャグのネタにも使われる「今市駅」に停車。この駅を出ると、ぐんぐん勾配を上っていき、駆けのぼったところが終点の「日光駅」だった。白い堂々たる駅舎は風格があり、賑わっていたころを偲ばせる。駅舎をバックに停車する「いろは」は、この駅の雰囲気とよく合っていた。貴賓室もあるものの、あまり使われていない。最近では、豪華列車「四季島」が立寄ることになり、少しは賑わいが戻った感のあるJR日光駅。駅舎内やホームのデザインは和のテイストで、外国人へのアピールを図っている。「いろは」運行開始をきっかけに少しは観光客を取り戻してほしいと思う。

（2018年6月29日乗車）

いろは

〔運行会社〕JR東日本
〔運転区間〕宇都宮～日光、宇都宮～鹿沼
〔運　転　日〕毎日（車両点検による運休日あり）
宇都宮～日光、1日5往復
宇都宮～鹿沼、1日4往復
＊自由席のみ、運賃のみで乗車可
〔公式サイト〕https://www.jreast.co.jp/railway/joyful/iroha.html

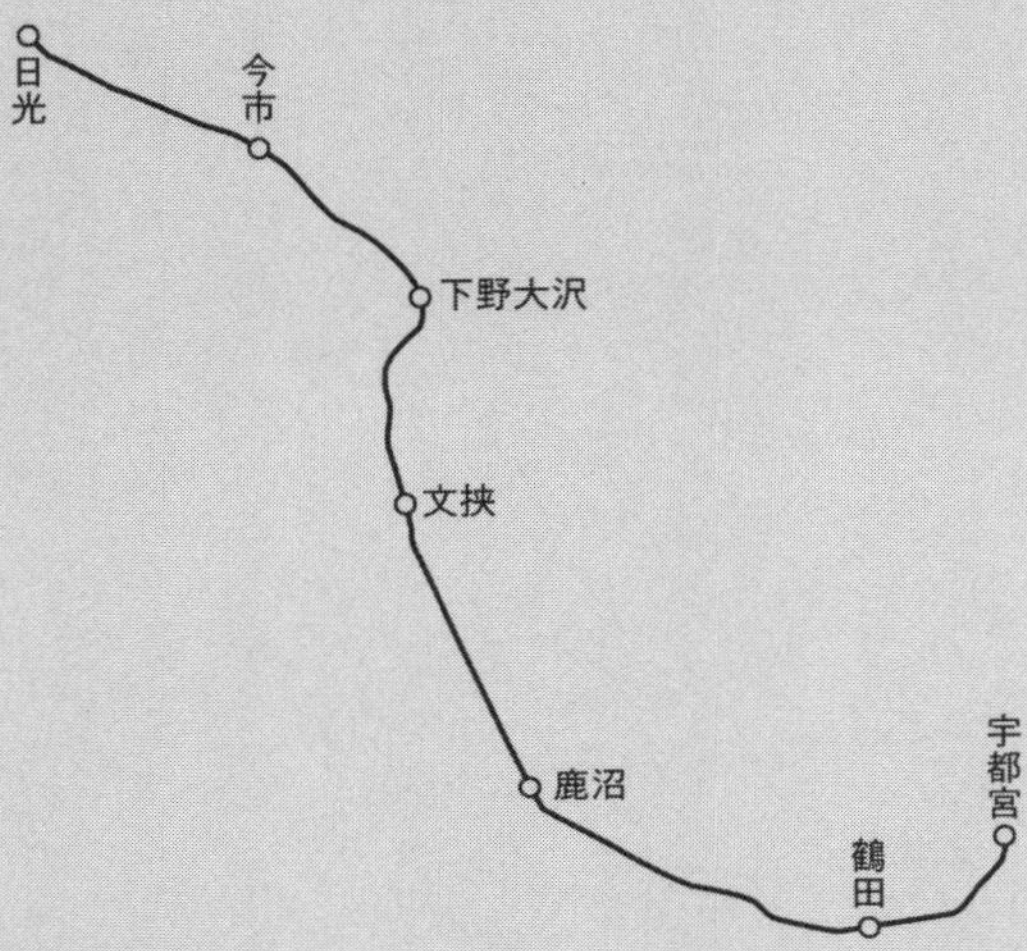

III

時間がゆっくり流れる列車に乗って

——ローカル線の旅

ローカル線の魅力（ＪＲ）

鉄道旅行の魅力が車窓にあるとしたら、それが一番楽しめるのは、大自然の中をうねるようにのんびり進むローカル線であろう。全国には、北海道から九州まで数多くのローカル線が走っている。北海道の場合は、そのほとんどがローカル線といっても過言ではないような寂れ方である。「本線」とは銘打っていても、一部を除いて、単線非電化のか細い路線であり、旅情を感じるものの、過疎が進んで、先行きが大いに不安となっている厳しい現実がある。本書で取り上げた根室本線の一部区間は、かつては優等列車が行き交う幹線であったのに、石勝線というショートカットが出来たために優等列車は、すべてそちらを経由するようになり、忘れ去られたような路線と化している。しかも、追い打ちをかけるように災害に見舞われ、復旧の見通しも立っていない。

ローカル線の中には、小海線のように沿線に人気観光地やリゾート地があり、季節によっては賑わいを見せる路線がある。観光列車も走り、華やかな雰囲気を感じることができる。とはいえ、シーズンオフに観光地をはずして訪れると、静かなたたずまいを見せていて違った一面を味わうことも可能だ。

メジャーな観光地がなく、道路事情が良くなって輸送に関して劣勢となったローカル線はどこも苦戦を強いられている。大会社であれば、投資のし甲斐がないようで、見捨てられたような哀愁を漂わせている。列車本数も減る一方で、日中は信じられないような本数の少なさに愕然としてしまう。ぶらり途中下車をしたくてもできない現実。そのような路線に限って、車窓は見ごたえがあり、何回でも乗りに行きたくなるのだ。

ローカル線といっても、大都市から遠く離れたエリアばかりではない。都市近郊のはずれをひっそりと走るローカル線もある。桜井線は、大和盆地のはずれをのどかに走り、沿線にはいにしえの遺跡や名刹が多々ある。もっとも、私鉄が並走していて、そちらのほうが格段に便利なので、割を食っているようでもある。

一口にローカル線と言っても、路線それぞれに異なった魅力がある。その一部でも感じとって、本書が出かけるきっかけになるとしたら嬉しいかぎりだ。

16

函館本線砂原支線
【森駅➡函館駅】(北海道)

のんびりゆっくり回り道で函館へ

北海道新幹線の終着駅新函館北斗駅から函館駅へは、アクセス電車「はこだてライナー」で最短15分である。新型車両とはいえ、あまり旅情を感じない通勤電車。好んで乗りたくはない。幸い時間がたっぷりあったので、大回りして函館を目指すことにした。

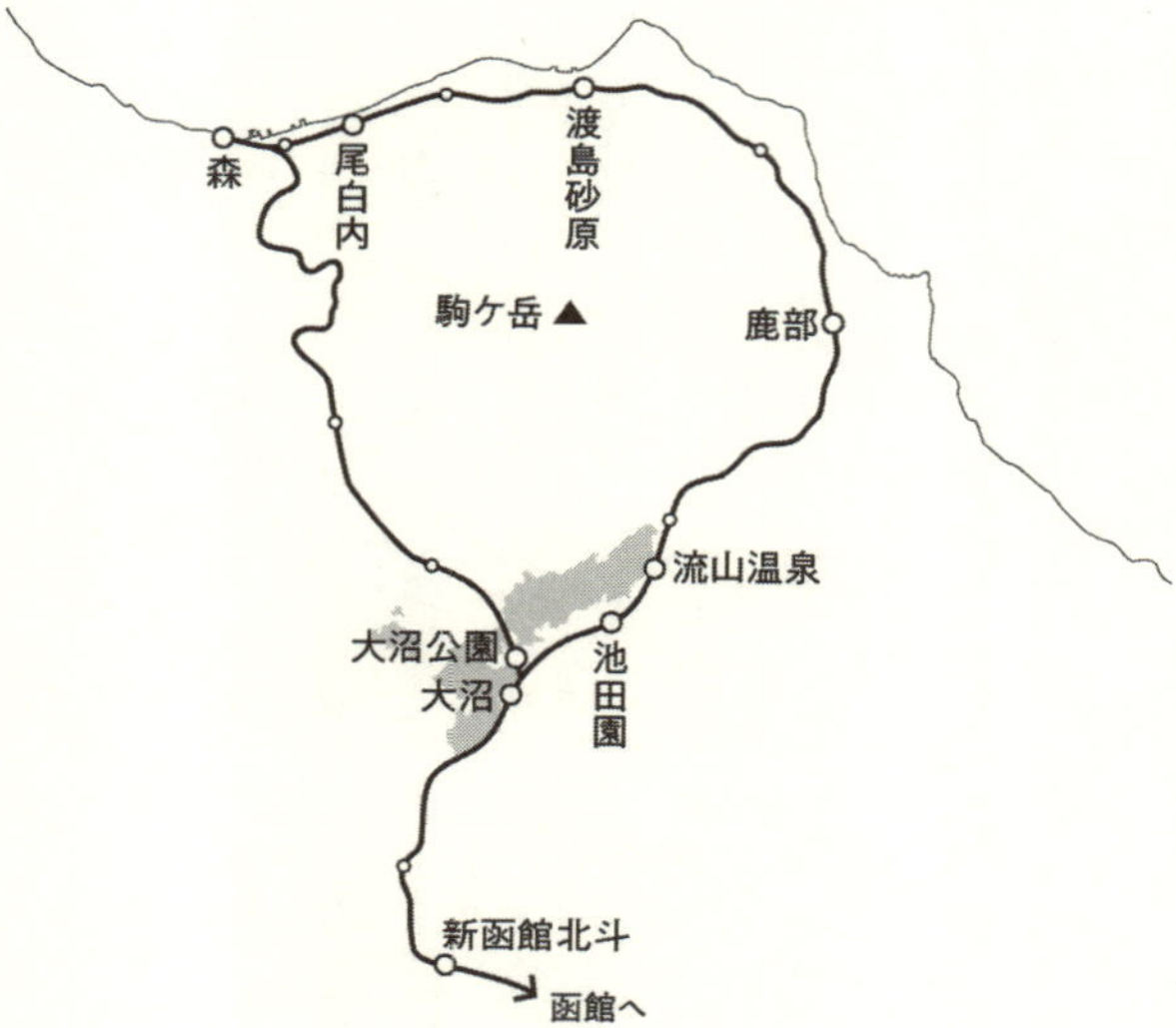

砂原支線を走るディーゼルカー

まずは、札幌行き特急「スーパー北斗」に乗る。すぐに左手に小沼が現れ、その向こうには駒ケ岳の麗姿が望まれる。やがてリゾート地の「大沼公園駅」に停まり、大沼の畔を過ぎ、今度は右手に駒ケ岳を見つつ山を越える。

噴火湾が目の前に見えたところで「森駅」に到着。ここまで29分だった。森駅の跨線橋を渡ったところにあるホームではわずか1両のディーゼルカーが待っていた。乗りこむとすぐに発車。今特急がたどってきた線路を右に見ながら戻る感じで走るけれど、すぐに分かれて新たな路線を進む。ここまで乗ってきた路線と同じく函館本線を名乗ってはいるが、

森駅。背後は駒ケ岳

別ルートで通称「砂原支線《さわら》」という。

同じ函館本線ではあるものの普段特急列車が走らないルートであるため、ローカル線の雰囲気が濃厚だ。鄙びた駅にひとつずつ停車していく。冷房のない車両なので、窓を開けて自然の風を取り込む。乾燥した空気が心地良い。

2つめの停車駅「尾白内《おしろない》」を過ぎると、右手に駒ケ岳がはっきり見える。列車は山の東側を走っているから、西側を走っていた特急と合わせると、ぐるりと周囲を一周していることになる。路線の通称名ともなっている「渡島砂原駅《おしまさわら》」を過ぎると、左手に海が見えてきた。といっても海岸線を走るわけではな

乗り降りのなかった流山温泉駅

い。遠目にちらちらと見える程度だ。

列車は時計回りに駒ケ岳の周囲を進み、「鹿部《しかべ》駅」あたりからは噴火湾とは離れて内陸部へと向かう。森の中をさまように走り、穏やかな丘陵地を抜け、のんびりと旅は続く。東側から大沼の畔へ戻ってくると「流山温泉駅」。リゾート開発でつくられた温泉の最寄り駅だったが、温泉自体が廃止となったので、駅の存在価値がなくなってしまった。無論誰も乗り降りしないで列車は発車した。

「池田園《いけだえん》駅」を過ぎ、右から線路が合流してきて「大沼駅」に到着。特急は停まらない駅だが、これでぐるりと一周してきたことになる。10分程の停車時間の間に函館行き特急

東森駅の可愛い駅舎

「スーパー北斗」が通過していった。

列車はのんびりと発車し、再び小沼の畔を走り、「新函館北斗駅」に戻ってきた。北海道新幹線の到着時間ではなかったので、ほとんど乗り降りがなく、さみしく発車。ここからは、「はこだてライナー」と同じ線路を走って函館を目指す。新函館北斗から函館までで25分。特急に乗車してからだと2時間20分程列車に乗っていたことになる。実にのんびりした回り道。少しだけとはいえ、北海道らしい車窓を堪能でき、終わってみれば、楽しくあっけない旅だった。

（２０１６年6月27日乗車）

17

根室本線

【東鹿越駅⬇富良野駅】（北海道）

富良野へ、代行バス区間で思わぬ発見

2016年の8月末にJR根室本線の未乗区間である富良野〜新得《しんとく》間に乗車しようと計画を立てたところ、台風の襲来で旅はキャンセルとなってしまった。ほぼ1年後、やっとリベンジする機会が訪れたので、札幌駅から特急列車に乗って新得駅へ向かった。

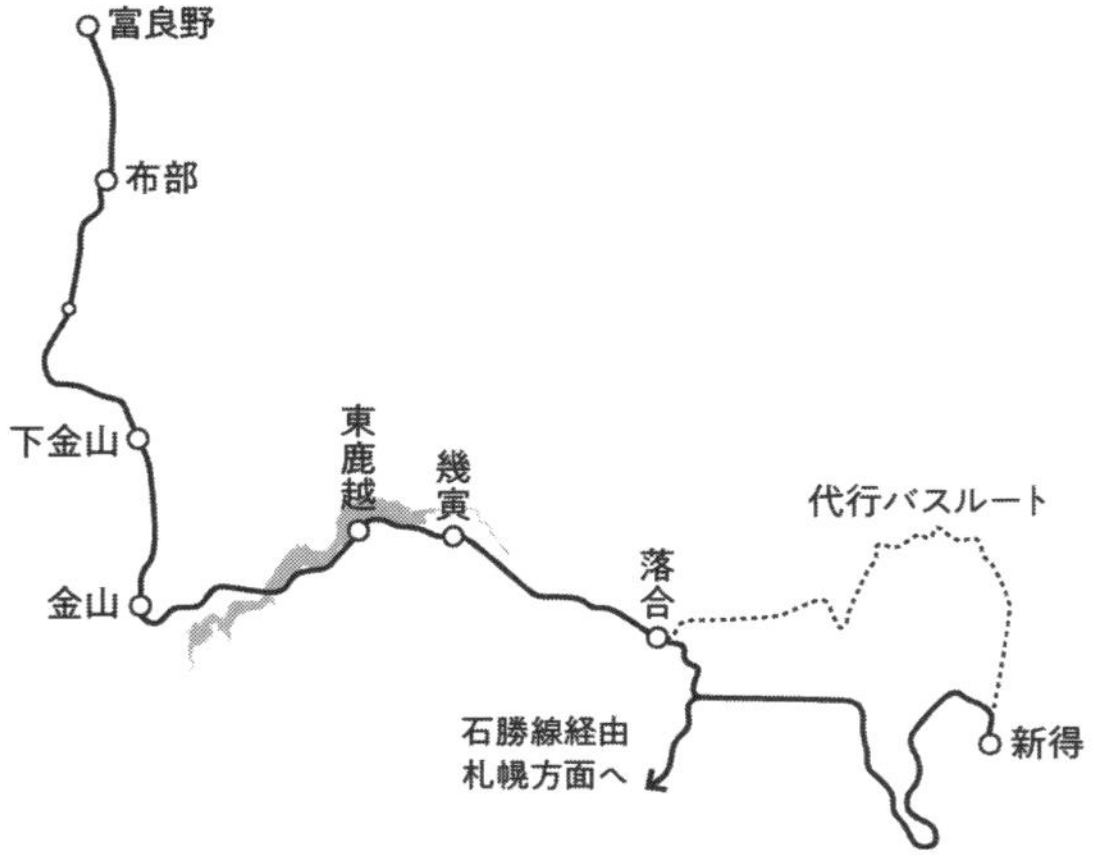

代行バス

新得駅から富良野方面への列車は、２０１６年９月以降、走っていない。台風によって線路が甚大な被害を受け、不通となったままなのだ。折からのＪＲ北海道の経営不振により、この区間は将来的に維持困難な線区とみなされ、復旧工事が行われていない状況にある。幸い春頃から列車代行バスが運転されているので、新得駅と富良野駅の途中にある東鹿越《ひがししかごえ》駅まではバスで移動することができるようになった。

「新得駅」前には代行バス乗り場の表示があり、バスの発車時刻が近づいてくると新得駅の駅員さんがやってきて、案内がてらきっぷのチェックを始める。列車代行バスなのでＪ

R北海道の乗車券を持っていれば乗れるのだ。

田舎によくある路線バスかと思ったら、立派な観光バスがやってきた。ゆったりとしたシートで、乗る予定だったキハ40系ディーゼルカーより立派である。列車よりバスの方が楽でしょう、とわざとアピールして廃線に賛成させようとの魂胆かもしれない。新得駅から乗りこんだのは6人。50人ほど乗れるであろうから、ゆったりとした気分である。

広々とした国道38号を、なぜかスピードを出さないで、実にゆっくりと走る。市街地を抜けると、バスは狩勝峠にさしかかる。国道は、根室本線とは大きく離れてしまうが、実は、1966年まで使っていた根室本線旧線に沿っているのだ。

道路脇には狩勝峠《かりかちとうげ》1合目、2合目という標識が立っていて、それを見るたびに、峠を徐々に登っているのだという実感が湧いてくる。かなり登ったところからは、ひろびろとした十勝平野が望まれる。かぶりつきで眺めたいところではあるが、バスは広い道路の中ほどを走っている。路肩までは少々距離があり、列車のように窓のすぐ下まで景色が迫ってくるような臨場感に乏しい。観光列車なら、席を移動して窓越しに車窓を眺めたりもできるのだが、バスの中では席を立つことなど許されない。やはり車窓を楽しむには列車が

映画「鉄道員」で使われた車両が展示されている幾寅駅前

一番だと個人的には思う。

狩勝峠を越え、原生林の中をまっすぐに進むと、やっと［落合駅］だ。新得駅を出てからおよそ40分、ほぼ同じ時間帯を走る列車でも30分はかかるので、ずいぶん長い一駅間である。バスは国道を離れて律儀に駅に向かい、駅舎の前で停車する。ドアが開いて、地元の年配の女性が一人だけ乗ってきた。少し早く到着したのか、バスは発車時刻まで時間調整をしている。列車ならホームに出て写真を撮ったりするのだが、バスなので勝手が分からずおとなしく座っていた。窮屈な感じは否めない。

時間になるとバスは発車し、再び国道38号

東鹿越駅から列車に乗車

に合流して先を目指す。次は10分程で「幾寅駅」。高倉健主演の映画「鉄道員《ぽっぽや》」のロケ地だったところで、銀幕に登場した幌舞駅の木造駅舎が、そのまま残っている。幾寅という駅名は、小さくしか書いていないところが面白い。映画の中で活躍したタラコ色のディーゼルカーも、車体の一部が保存されていた。こうした様子は列車の中からでは見えないから、駅前に発着するバスならではだ。これは、怪我の功名である。

それなりの観光地だからか、数人が乗ってきて、バスは少々賑やかになった。さらに10分程走り、途中で長らく列車の走っていない根室本線を2度、踏切と陸橋で越え、「東鹿越駅」に到着した。さびしげな線路を見ているとやるせない気分になってくる。バスは駅舎の脇に横付けとなり、駅舎を通り抜けないで直接ホームに出た。無人駅だから、それでも良いのだろう。

駅舎の写真を撮っていたら、富良野方面から折返しとなるディーゼルカーが到着した。誰も降りてこないので寂しい列車だなあ、と思ったが、時刻表を見ると東鹿越駅到着の列車はないので回送列車のようだ。

バス代行輸送でなければ、乗り降りすることもなかった東鹿越駅。利用者は1日平均1人以下ということで3月に廃止予定だったが、災害による代行バス輸送の中継駅として生きながらえている。二度と来ることはないかもしれないと思い、発車までの数分間で駅のさまざまな写真を撮り、列車に乗り込んだ。バスの乗客は全員列車に乗り換えている。

わずか1両のディーゼルカーは定時に東鹿越駅を発車。線路際のかなやま湖は木立に遮られて見えなかったが、しばらくして湖を鉄橋で渡る時に車窓から眺めることができた。カヌーやアウトドアが楽しめるリゾート地であるが、宿泊施設などは東鹿越駅の対岸にあって列車利用では不便なのが悲しい。

根室本線車窓。かなやま湖

しばらくは山の中を走る。キハ40系の車内はすっかり古びてしまったけれど、列車ならではの安定感があって頼もしい。バスから乗り換えると、ホッとする。［金山駅］、［下金山駅］と過ぎ、空知川《そらちがわ》に沿って走る。9月初旬なのに、渓谷の木々が色づきかけていて、北海道はすっかり秋の風情である。

次第に山を降り、［布部駅《ぬのべ》］あたりから盆地の中を快走すると、［富良野駅］に到着。東鹿越駅からは、40分程であったが、充実した旅だった。この日の列車旅は、これで終わり。タクシーでリゾートホテルへ向かった。

（2017年9月7日乗車）

18

小海線
【小淵沢駅(山梨)⬇小諸駅(長野)】

知られざる駅巡り
~松原湖駅&佐久広瀬駅

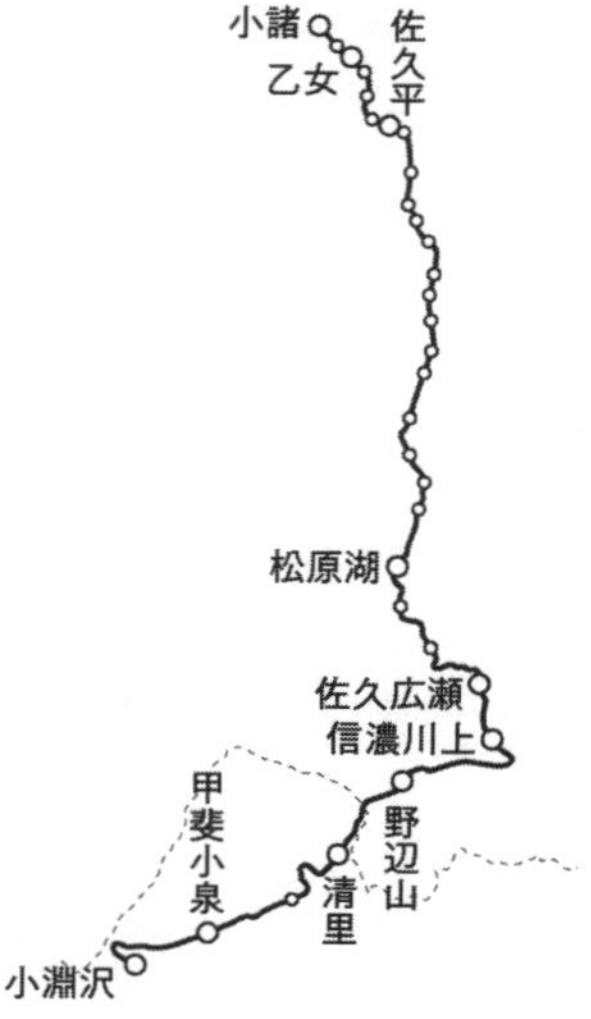

ＪＲの鉄道最高地点を通る小海線《こうみ》は高原列車として人気ある路線で、観光列車「ＨＩＧＨ　ＲＡＩＬ　１３７５」も走っている。車内で軽食やスイーツセットも味わうことができるおススメの列車ではあるが、快速列車なので小さな駅には停車しない。今回は、小海線の秘境駅など知られざる駅を訪問するため、注目の観光列車ではなく、あえて各駅停車の列車で旅をすることにした。

八ヶ岳を見ながら高原列車の旅が始まる

小海線を走るハイブリッド車両

［新宿駅］から中央本線の特急「あずさ」に乗ることおよそ2時間で小海線の始発駅［小淵沢］に到着する。小海線はローカル線とはいっても、観光シーズンには混雑し、2両編成のディーゼルカーのキャパシティはそれほど大きくない。10分程度の乗り継ぎでは座れるかどうか確かではないので、余裕をもって小淵沢に到着した方がよい。時間があれば、小淵沢名物の「高原野菜とカツの弁当」や「元気甲斐」といった駅弁を買う時間もあるし、早めにホームで待っていれば、進行方向窓側といった希望の席にも座れるだろう。

予定通り、2両編成のディーゼルカーの窓側席を確保し発車を待つ。定時に小淵沢駅を

小海線車窓。八ヶ岳

出ると、列車は大きく右へ右へとカーブし、左手には雄大な八ヶ岳が見えてくる。駅前に平山郁夫シルクロード美術館のある「甲斐小泉」あたりからは、林の中を走る。白樺の木が高原であることを実感できる。甲斐大泉あたりはペンションなど洒落た宿泊施設が目につく。カーブしながら山間部へと入って行き、トンネルを抜けると、左手に「吐竜《どりゅう》の滝」がちらりと見える。緑におおわれた岩間から絹糸のように流れ落ちる不思議な滝である。ここに駅でもあればと思う。

清里からＪＲ最高地点を通り野辺山へ

人気のリゾート地の玄関である「清里駅」

を出ると、ディーゼルエンジンを唸らせながらぐんぐん急勾配を上っていく。山梨県から長野県に入り、坂を駆け上がったところがＪＲの鉄道最高地点で、標高１３７５ｍの記念碑や鉄道神社、レストランや土産物屋がある。あっけなく通過すると平坦な野菜畑の中を気持ち良いスピードで進む。右手には電波天文台が見える。空気が澄んでいて、天体観測にはふさわしい場所なのだ。やがて、減速すると「野辺山駅」に到着する。

野辺山駅はＪＲで一番標高の高い駅として知られる。「標高１３４５米67」と記された標柱があるので、列車と絡めたりして記念写真を撮る人が多い。ただし、普通列車の停車時間は短いので、途中下車するなら、停車時間に余裕のある観光列車ＨＩＧＨ　ＲＡＩＬ１３７５を利用するのがよい。

千曲川沿いの2つの駅を目指す

野辺山駅の次の「信濃川上駅」あたりからは、千曲川に沿って走り、何回も川を渡って渓谷美が楽しめる。大自然の中にたたずむ秘境感たっぷりの駅で途中下車しようと思い、「佐久広瀬駅」と「松原湖駅」を選んでみた。但し、昼間の小海線は2時間に1本程しか

小海線松原湖駅

列車が走らず、何もなさそうな駅で2時間も待つのはつらい。そうした場合、時刻表を克明に調べ、上下列車をうまく使うと効率的に回れることがある。

今回は、ひとまず、佐久広瀬駅を通り過ぎ、先の松原湖駅で降りる。45分滞在した後、上り列車で佐久広瀬駅に戻りると、次の下り列車がやってくるまでの34分間、何もない秘境駅に滞在するのである。30〜45分くらいなら、初心者でも耐えられるのではないだろうか？

湖からは遠い松原湖駅

というわけで、最初に降り立ったのが松原湖駅である。駅名のようにホームから湖が見えるのかなと想像すると見事に期待は裏切られる。どういうことはない田舎の駅で案内板によると、松原湖までは歩くと40分程で急な上り坂を進むとのこと。バスもあるけれど、駅前に乗り場はなく、坂を上って150mほど行かないとバス停はないという話だ。駅舎はなく、小さな東屋のような待合室がホームにあるだけだった。本気で松原湖に行くのなら、一つ先の小海駅からバスに乗った方が便利らしい。今回は駅でのんびり過ごすだけにした。少しは民家があるものの、コンビニ等お店はない。一本しかないホームの後ろも前も木立が生い茂り、よく見えないけれど千曲川が流れている。

日本一標高の高い秘境駅へ

45分後、きちんと定時に列車がやってきてホッとした。小淵沢へ3駅だけ乗って佐久広瀬駅で下車。松原湖駅よりもひっそりとしていて、秘境駅と言われるだけのロケーションだ。松原湖駅は駅前に踏切があったのでクルマでのアクセスは容易であるが、佐久広瀬駅周囲には舗装道路はなかった。かろうじてクルマが通れそうな小さな道があるだけ。まわりは段々畑に囲まれていて民家はほとんど見えない。ホームに立っていると正面には千曲

小海線佐久広瀬駅

川がちらりと見える。松原湖駅方面を望むと、右手前方に千曲川が流れているのが確認できた。駅近くには、まともな道路もないのでクルマの姿も見えず、静寂の中、川のせせらぎだけがＢＧＭとなっていて心地良い。小海線のトンネルも見え、絵になる情景である。ちなみに佐久広瀬駅の標高は１０８２ｍ、ＪＲの駅の中では5番目に標高の高い駅であるとともに、一番標高の高いところにある秘境駅というのがセールスポイントになる。

ハイブリッド車両で小諸へ

今度の小諸行き列車は、小海線「名物」のハイブリッド車両だった。時々ディーゼルエンジンの音がするだけで、停車時や発車時のエンジン音がなく、電車のように静かに動き出す。明るい車内は、かなり混んでいたけれど、ひとつだけボックス席が空いていた。千曲川の渓谷が右から左へ移り、また右へと移っていく。

小海駅から先は、次第に人家も増え、川幅の広くなった千曲川とともに、佐久平へと入っていく。［佐久平駅］での北陸新幹線との交差は、小海線の方が高いところを走るのが面白い。普通とは逆であるが、そのため車窓から浅間山をじっくりと見ることができた。

佐久平の平坦なところを快走し、やがてしなの鉄道と合流。［乙女］というロマンチックな名前の駅を通り、終点の小諸駅へとたどり着いた。せっかくなので、駅の裏手にある懐古園を散策し、展望台に上がると、ゆったりと流れる千曲川の川面が夕陽にきらめいていた。

（２０１６年11月４日乗車）

19

名松線
【松阪駅⬇伊勢奥津駅】（三重）

おかえりなさい、名松線

災害の影響で6年半も一部区間が不通になっていたＪＲ名松線《めいしょう》（松阪〜伊勢奥津、三重県）。２０１６年３月26日、北海道新幹線が開業した同じ日に全線復旧し、再び列車が終点伊勢奥津《いせおきつ》駅に発着するようになった。すぐに訪れたかったのだが果たせず、ようやく

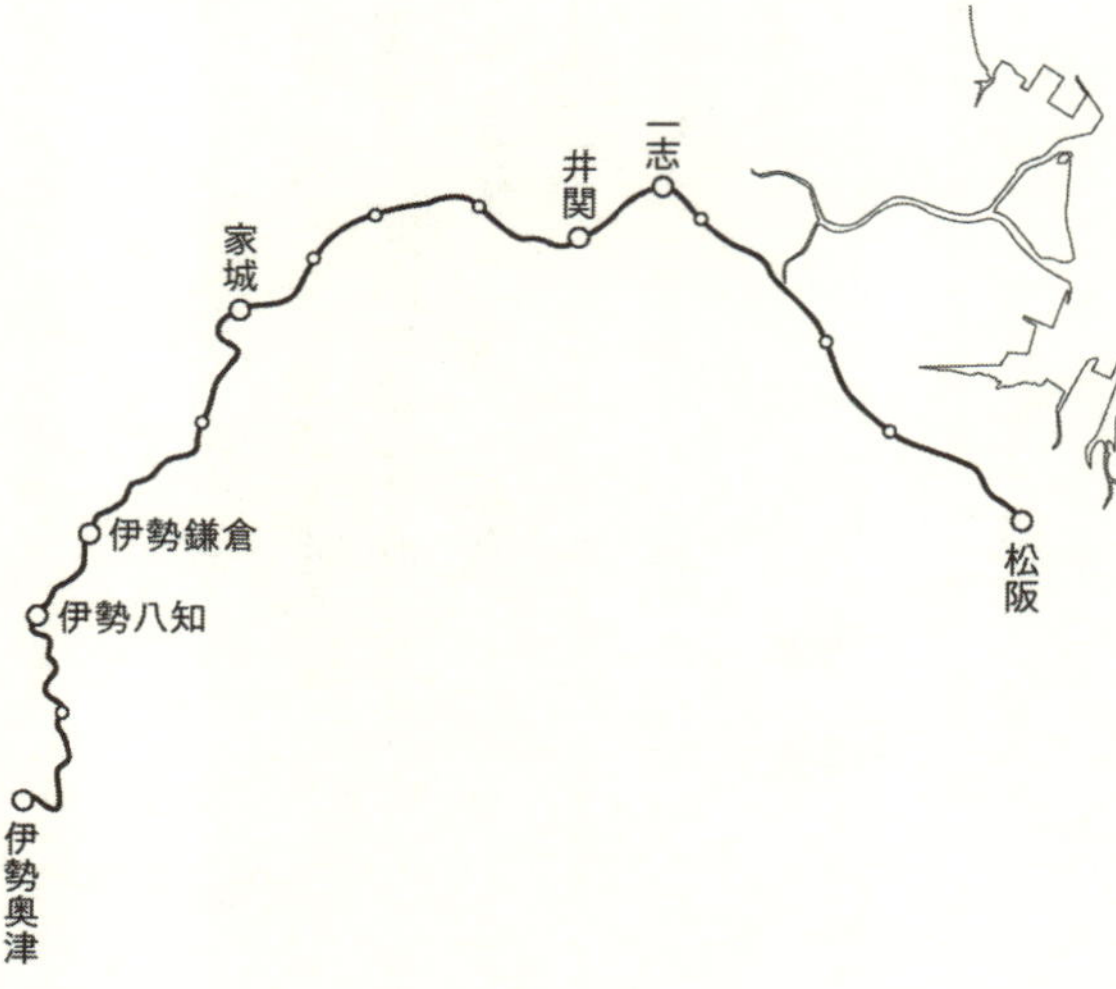

名松線家城駅

6月になって乗りに行くことができた。

近鉄とJR紀勢本線が乗入れる「松阪駅」の5番線から名松線の列車は発車する。たった1両だけのディーゼルカー。車両の中ほどが4人向い合せのクロスシートになっていて、それぞれの4人席を1人で占拠できるくらいの乗車率であった。平日のお昼過ぎだったが、誰も乗っていない4人席がないのは幸いである。列車は、定刻にゆっくりと松阪駅のホームを離れた。

紀勢本線の線路とかなりの間並走し、やっとの思いで分かれて、広々とした田園地帯の中を走る。近鉄大阪線の「川合《かわい》高岡《たかおか》駅」と至近距離にある「一志《いちし》駅」を出て、次の「井関《いせぎ》駅」を過ぎ、トンネルを抜けると、車窓右手に雲出川《くもず》が現れる。これより終点の伊勢奥津駅まで車窓の右に左に見えつつ名松線の旅の友となる川だ。

進むにつれて、次第に線路の両側に山並みが迫ってくる。松阪を出て37分で「家城駅《いえき》」に到着。名松線の中で唯一の列車すれ違いのできる駅だ。ここで13分も停車する。気分転換にホームに降りてみると、駅員さんがいて、運転士からわっか状のものを受け渡ししている。スタフ閉塞と呼ばれる「通行手形」で、今も見ることができるのは、ごくわずかな路線しかない。先に到着していた松阪行きの列車が出発するのを見送り、しばらくして列車はやっと動き出した。ここからが、6年半ぶりに運転再開した区間である。

いよいよ山が迫り、谷あいの渓谷を列車は足元を確かめるようにゆっくりと進んでいく。列車は美杉町に入る。車窓左手の民家の壁には、「ようこそ、美杉町へ。祝、おかえり名松線」の横断幕が掲げてある。交通不便な地区だけに、名松線の運転再開は喜びをもって迎えられているようだ。渓谷となった雲出川が車窓からよく見える。予想以上の絶景路線だ。断崖絶壁の下を恐る恐る通ると、ところどころ線路際の崖を修復した跡がある。再び土砂崩れが起きることのないよう、工事をしたのだ。

名松線の復旧区間

［伊勢鎌倉駅］と［伊勢八知駅《いせやち》］との間には、やや古びたリゾート施設がある。車窓から見ると、人の気配がない。観光のオフシーズンだからだろうか？　名松線とうまくタイアップして集客すればいいのだが……。

伊勢八知駅から先の車窓はとくに見ごたえがある。落石防止を兼ねたようなトンネルもあり、線路の脇を流れる雲出川も大小の石がごろごろしていて、思わず見とれてしまう光景だ。渓谷を経て、杉林の中を抜け、谷あいの集落に差し掛かると、松阪から1時間20分ほどで終点の伊勢奥津駅に到着。名松線とは山を越えて名張と松阪を結ぶ構想のもと付けられた名称だったが、果たさぬままここで線路は途切れてしまった。車止めの脇には、かつて蒸気機関車に水を補給した給水塔が苔むした姿をさらして残っている。今や貴重な鉄道遺産だ。

役所の出張所が入った建物の一部が駅舎となっていて、隣にはお土産や休憩できる建物もある。駅の玄関にも「おかえりなさい、名松線」の暖簾が目に入った。「列車がやってくると、町に活気が戻ってくるなあ」という地元の人の声が聞こえてきた。

給水塔が残る終点伊勢奥津駅

30分程滞在して列車で折り返す。発車間際に、役場の女性職員二人がホームにやってきて、手を振って見送ってくれた。プラカードには「ありがとう、また来てなぁ」の文字。復活おめでとう、名松線。よかったね、美杉町。今度はゆっくり滞在するよ。

（2016年6月8日乗車）

20

桜井線

【高田駅⬇奈良駅】（奈良）

ネーミングに納得！万葉まほろば線

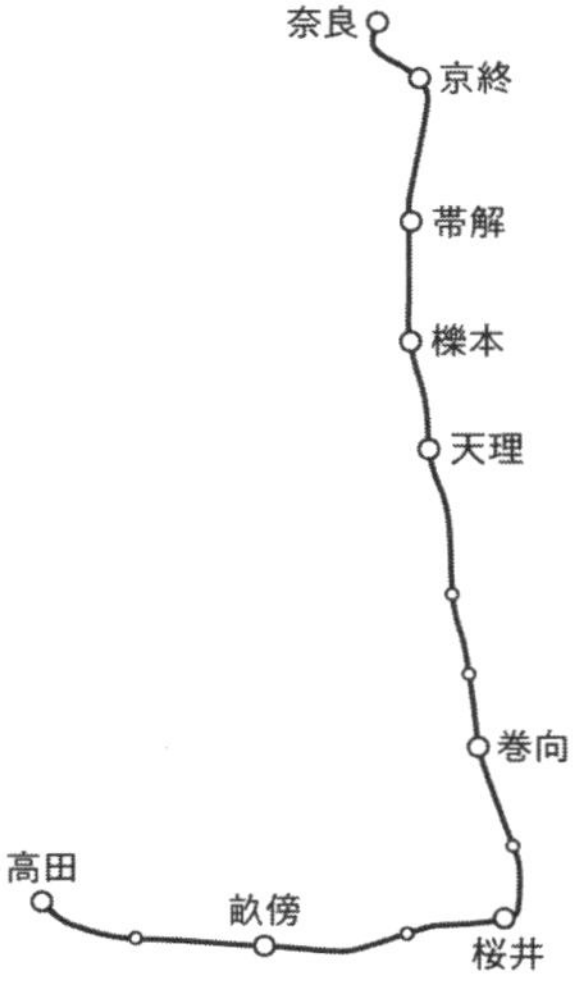

近鉄の［大和高田駅］から歩いて数分でＪＲの［高田駅］にたどり着いた。ここから私にとっては初めての乗車となるＪＲ桜井線で奈良駅へ向かう。名古屋から近鉄に乗って大和高田駅までやってきたので、一旦、近鉄大阪線に沿うように桜井駅まで戻るルートになる。ＪＲ桜井線の列車本数は1時間に1本程度で、10分程待てば急行や各駅停車がやってくる近鉄とは比べものにならない。それゆえ、このエリアは初めてではないものの、これまでＪＲ桜井線に乗ったことがなかったのだ。

閑散とした高田駅のホームで電車を待つ。ホームの片隅には跨線橋の柱が、ぽつんと記

高田駅に到着する奈良行き電車

念物として残っていた。明治24（1891）年製とのことで、この駅の古さが分かる。なお、明治24年に開通したのは王寺《おうじ》〜高田間であって、これから乗る高田〜桜井間が開通したのは、その2年後の明治26年のことだった。

しばらくすると、和歌山線経由で和歌山からやってきた奈良行き電車が到着した。2両編成でオールロングシート。予想通りだが、がっかり車両だ。それでも、空いていたので斜め座りして車窓を楽しむことができそうである。

高田駅で20分近く停車した後、進行方向を逆にして発車する。和歌山方面の線路と分かれて左へ進む。いよいよ桜井線の旅が始まった。駅の表示には桜井線という表記よりも「万葉まほろば線」という愛称の方を大きく取り上げている。近年、妙な愛称が目立つけれど、「万葉まほろば線」という愛称は沿線の雰囲気をよく表わしていて納得できるし、しっくりくる名称だ。

単線の線路が大和盆地の南を東に向かって延びている。溜池の脇を走り、近鉄橿原《かしはら》線の複線の線路をまたぐと、「畝傍《うねび》駅」に到着。かつては、橿原神宮や神武天皇陵を訪問する皇族の利用があったため駅舎内に貴賓室もある格式高い駅なのだが、近鉄橿原線の方が近くて便利だし、クルマの利用も多くなったため、貴賓室は、ふだんは閉鎖され、すっかり忘れ去られた駅となってしまった。

平城京遷都で奈良時代が始まるまで日本の都だった藤原宮跡や万葉集や百人一首で詠われた天香久山《あまのかぐやま》を右手に見ながら進んでいくうちに、左からは近鉄大阪線が近づいてきて「桜井駅」に着く。これまで近鉄特急から何回か見下ろしていた桜井線だったが、乗ってみると当然ながら近鉄線を見上げるかたちとなる。

桜井駅では、かなり乗ってきて、それまでの閑散した車内ではなくなった。ここから奈良駅までは運転本数が増えるのも分かる。大きくカーブして北へと進路を変え、古代から存在する「山の辺の道」に並行するように進む。大和盆地の東の端を走るので、右手には三輪山、龍王山といった山並みが続き、左手には平坦な田園風景が流れ過ぎていく。「巻向《まきむく》」では、シニアのハイキング客が大勢乗ってきた。このあたりの散策帰りであろう。そういえば、車内はシニアの女性グループの姿が目につく。皆、元気に大和路の名所旧跡巡りを楽しんでいるようだ。この駅を出ると、纒向《まきむく》遺跡の発掘現場の脇を通り過ぎる。邪馬台国の跡だとか、そうではないとか諸説あり、古代史のロマンは門外漢にとっても興味深い。かなり混んできて車窓が見づらくなってきたので、立ちあがってドアの窓越しに景色を眺めるようにした。最後尾に近い席だったので、後部の運転席からの展望も楽しめて、じっと座っているより面白い。

高田駅から30分、桜井駅からは15分程で「天理」着。高架でホーム2面、線路は4本もある大きな駅だが、普段使っているのはホーム1本とその両側の3番線、4番線だけだ。天理教の祭礼があるときは臨時列車が運転され、そのための施設である。ホームを出ると、何本もの線路が敷かれていて、臨時列車を何本も停めておくスペースとなっている。桜井線を普段は走らない車両が行き交い鉄道ファンの注目を集めることもあるのだ。

京終駅駅名標

ここから先の駅は「櫟本《いちのもと》」「帯解《おびとけ》」「京終《きょうばて》」と知らなければ読めない駅名のオンパレードである。櫟本は、天狗の住む巨大な櫟《いちい》の木の根元があったという言い伝えに由来する。帯解は、駅のすぐ近くにある安産祈願の帯解寺に因んだものだ。美智子上皇后陛下、雅子皇后陛下、秋篠宮妃紀子さまをはじめ皇族が安産祈願に訪れたことでも知られている。

そして京終は、奈良の都の終わるところ、はずれという意味で、実際市街地の南端に位置する。以上、３つの駅は、明治31（１８９８）年に開業したときの木造駅舎が今も大切に使われてきた。とくに京終駅は奈良市が復元改修工事を行い、待合室をリニューアルし、

観光案内所となっていた旧奈良駅舎

町づくりの拠点として活用していくことになり、何とも喜ばしいことである。
京終を出ると、いつしか高架となり、天王寺から延びてきた関西本線と合流すると終点［奈良駅］に到着する。しばらく来ないうちにすっかり近代的になった奈良駅は外国人観光客の姿が目立つ。ジャパン・レール・パスを使う彼らは近鉄ではなくJRを愛用しているのだ。改札を出ると、観光案内所が目に留まったが、建物はかつての奈良駅舎だった。懐かしく由緒ある建物は新たな使命を担って第二の人生を歩んでいると知って安心した次第である。
（2018年10月18日乗車）

21

山陰本線【城崎温泉駅（兵庫）➡鳥取駅（鳥取）】

ローカル列車で乗り鉄を満喫

城崎温泉でのんびり過ごした翌日、山陰本線のローカル列車で鳥取まで「乗り鉄」を楽しんだ。旧国鉄時代から走っているキハ40系ディーゼルカー、それもタラコ色という懐かしい雰囲気の車両に乗ると、汽車旅という言葉がぴったりのゆるやかな時間が過ぎてい

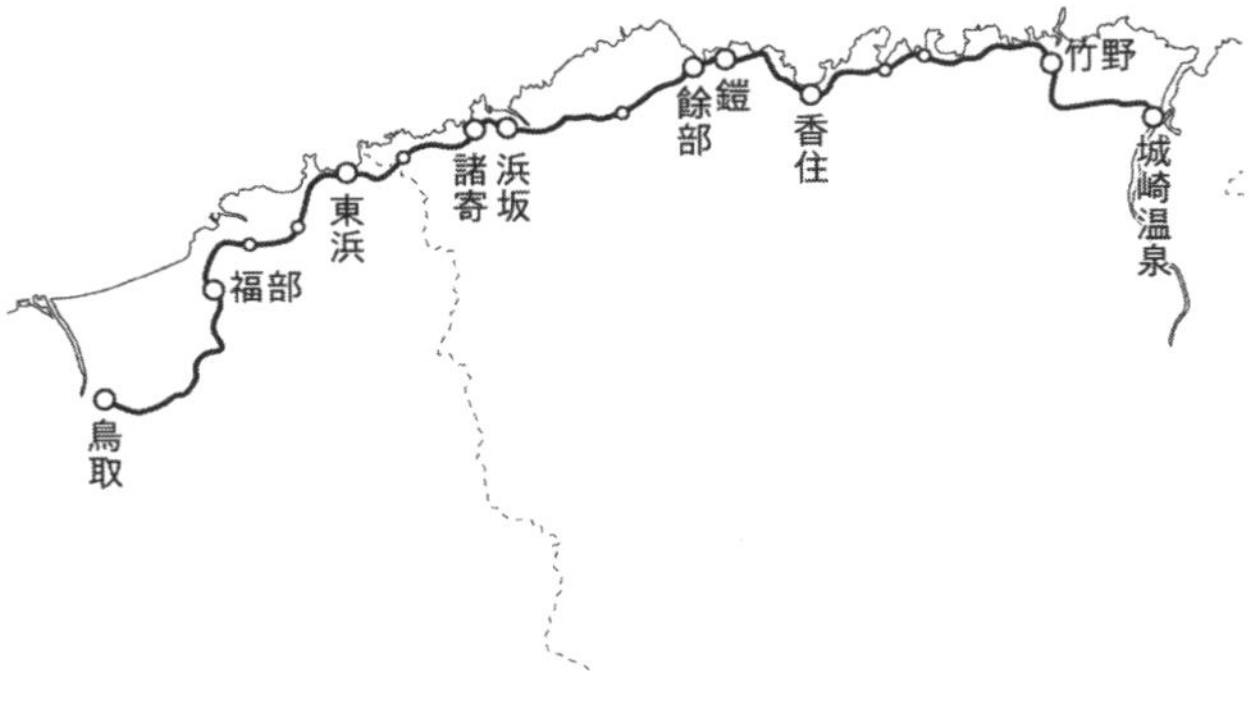

鳥取行き普通列車

く。

発車の30分程前に、折返しとなる鳥取発の列車が到着した。しばらくすると福知山からの普通電車が到着するし、そのあとには新大阪発の特急「こうのとり」も到着する。2つの列車からの乗り継ぎ客が少なからずいるであろうから、発車間際に乗り込んだのでは、好みの席にありつけない可能性もある。列車ダイヤを子細にチェックして行動するのが本数の少ないローカル列車を快適に利用する秘訣である。幸い、折返し列車が到着したすぐあとは、数人が乗りこんだだけだったので、海側のボックス席を確保できた。荷物を置いて、2両編成のディーゼルカーの写真を撮っていると、同じような行動をとる人が複数いる。こうしたローカル列車では、鉄分高めの乗客が多いのが特徴だ。

予想通り、発車間際には、あらかたのボックス席がいっぱいになった。といっても、それぞれのボックス席に2人座るのがせいぜいで、都市近郊路線とは賑わいが異なる。

定時に［城崎温泉駅］を発車。すぐに城崎温泉街の中心を流れる大谿《おおたに》川を渡り、トンネルに入って城崎の温泉街に別れを告げる。しばらくは山間部を走り、次の［竹野駅］を出て少し進むと日本海が右手に現われた。これからはかなりの間、日本海が見えたり隠れたり、山間部を走ったりと変化に富んだ車窓が楽しめる。［京都駅］から［城崎温泉駅］までの電化区間が終わると、その先は、本線とは名ばかりで「偉大なるローカル線」と揶揄された昔ながらの単線非電化という山陰本線の旅が延々と続くのだ。かつては、列車の行き違いができた駅も列車本数が減った影響か、片方のホームの使用を取りやめて荒れるに任せているところがある。駅周辺の集落には廃屋も目につき、過疎化でさびれた雰囲気を否応なしに感じる。

カニの水揚げで知られる香住《かすみ》漁港の最寄り駅［香住］では、それなりの乗り降りがある。

餘部駅

車掌のいないワンマン列車なので、城崎温泉駅を出て以来、後ろの車両のドアは開かなかったのだが、香住ではすべてのドアが開く。駅の改札口の上に掲げられた看板には大きなカニが描かれ、「カニ迎」という文字がある。「ニ」が「ン」にも読め、歓迎とひっかけているようで面白い。

日本海に突き出た断崖を眺めながら進み、トンネルの間にあるような「鎧《よろい》駅」を発車し、長いトンネルを出ると目の眩むような谷底を渡る。有名な餘部《あまるべ》橋梁だ。1912年に完成した鉄橋は老朽化が進んだため、2010年に新しくモダンな橋に架け替えられた。私は、旧橋梁時代の末期に訪問したことがあり、今回それ以来の通過となった。橋を渡り終わると［餘部駅］に到着するが、ホーム上には多くの人が待ち受けていた。鉄道ファンのみならず女性観光客も目につき、今や餘部橋梁は、有名な観光地になっているようだ。ホームやその周辺もきれいに整備され、昔の秘境的な雰囲気はなくなってしまったとも言える。

かつての餘部駅訪問時には、駅近くの「お立ち台」で鉄橋を渡る列車を撮影して、城崎方面へ戻ってしまった。餘部から鳥取までの区間は、寝台特急「出雲」や夜行急行「だいせん」で通過したことはあったものの、夜間であり、寝台で横になっていたため、車窓を眺めた記憶がない。よって、昼間に景色を眺めながら通るのは今回が初めてなのである。

餘部駅よりも前の車窓とそれほど雰囲気がかわることはなく、「今は山中、今は浜」という変化に富んだ魅力的な風景が続く。［浜坂］に到着。ここで9分も停車する。せっかくなのでホームに降りて写真を撮ったり、改札口脇の窓口で入場券を買ったりと、充実した9分を過ごした。なお、ホームの看板に書かれているように浜坂は「カニと湯の町」だ。また、吉永小百合主演のテレビドラマ「夢千代日記」の舞台である湯村温泉も駅前からバスで行くことができると大きな看板でＰＲしていた。

東浜付近の車窓

浜坂の次の［諸寄《もろよせ》］からしばらくは山の中を行く。ようやく海が見えてくると［東浜］に到着する。小さな無人駅だが、洒落たガラスの小さな待合室や鏡張りの天井のあるエントランスには驚く。この駅は、豪華列車TWILIGHT EXPRESS瑞風《みずかぜ》が立ち寄り観光地として停車することになったので、それに合わせて改装したのだ。駅からすぐのところには豪華列車の乗客のためのイタリアンレストランもでき、沿線の中では異彩を放っている。駅を出てすぐに海岸線が見えるが、確かに美しい風景だと思う。
その後は淡々と進み、いつしか海は見えなくなり、再び山の中である。［福部《ふくべ》］で上り列車と行き違う。向うの列車は新しいステンレスのディーゼルカーだが1両のみ。ほぼ満席だ。旧型車両ながらも2両編成でゆったりした我が列車の方がくつろげる。

次は、終点の［鳥取］との放送が入る。県庁所在地の駅の隣なのに、ずいぶん鄙びたところだ。しかも鳥取駅まで15分もかかり、とても都市近郊とは思えない。途中で線路が分岐する箇所があり、よく見るとスイッチバックだ。通過なので、廃駅かと思ったら、現役の施設で滝山信号場という。但し行き違いのために、停車する定期列車は、今はない。

ちょっとボーっとしているうちに列車は市街地にさしかかり、高架を走るようになる。いよいよ終点鳥取だ。駅が近づくと、車窓から「すなば珈琲」の文字が目に留まる。鳥取には「スナバ（砂場＝砂丘）はあるがスタバ（カフェ）はない」という自虐ネタが広まったことがあったが、スナバ珈琲には驚いた。帰宅後、複数の知人にこの話をしたら、良質で個性的なお店だそうで、立寄ることを奨められた。次回の楽しみにとっておこう。

高架で近代的な駅なのに架線が張られていない鳥取駅は、県庁所在地の駅としては珍しい造りだ。ローカル鈍行列車の旅はここで終わり。充実した2時間を過ごすことができた。

（2019年3月23日乗車）

22

姫新線／芸備線
【津山駅（岡山）⬇広島駅（広島）】
35分の旅程を丸1日かけた酔狂な旅

岡山駅から津山へ向かい、１泊後、津山駅から姫新線《きしんせん》、芸備《げいび》線をたどり、広島駅まで行く酔狂な旅を試みた。岡山駅から広島駅まで、山陽新幹線「のぞみ」ならたった35分で行けるのに、遠回りをして丸１日かけるのである。

中国山地のローカル線は、三江線《さんこうせん》が２

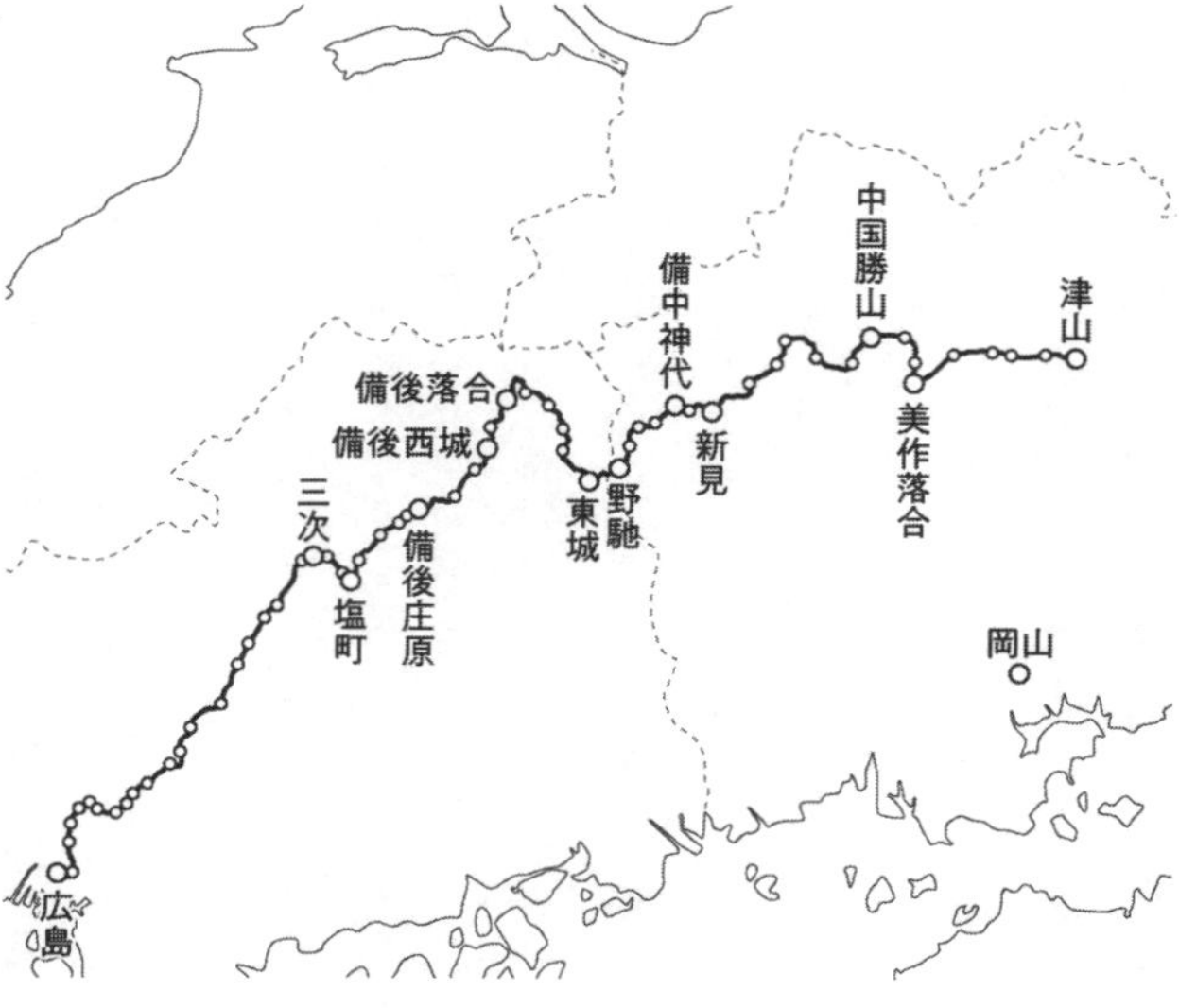

姫新線久世停車中のキハ120

０１８年春に廃止されたが、他の路線も決して安泰とは言えないほど採算が悪化している。実情を知るとともに、廃止が宣告されないうちに、応援する意味を込めて乗っておきたいと思う。

津山駅発は、朝の10時５分だが、もし岡山駅を朝出発するとなると、８時７分発の列車で乗り継ぐことができる。私は寝坊したり、列車が遅れたりする不測の事態を考えて、津山駅前のホテルに泊まったのだ。

さて、10時５分発の列車は、津山発、姫新線経由の新見《にいみ》行き。ずいぶん遅い出発かと思う人もいるかもしれない。しかし、その前の新見行きは、早朝の６時11分発。しかも、その列車に乗ったとしても、新見発の芸備線三次《みよし》方面へ向かう列車は、午後1時過ぎまでない。結局は、10時5分発で向かったのと同じ列車に乗ることになるのだ。何とも閑散とした列車ダイヤである。

列車は、キハ120形という小ぶりなディーゼルカー1両。ボックス席は4つしかなく、あとはロングシートという旅行者にとってはあまりありがたくない車両だけれど、何とかその一つを確保。進行方向窓側に陣取ることができた。

［津山駅］を出ると、しばらくはのどかな田園地帯を走る。吉井川をさかのぼり、由緒ある出雲街道（国道181号）と並走するように進む。ただし、姫新線は、途中で大きく南へ逸れ、［美作落合］を経由して、今度は旭川に沿って［中国勝山］に至る。かなりの人が下車したことからも分かるように、ここからは、列車本数が減り、車窓も山岳風景に変わっていく。

険しい山の中では、線路状態も良くなく、時速25キロという低速の制限を受け、おそるおそるといった感じでのろのろ進んでいく。それに反して、車窓は魅力的で見飽きない。

津山を出て1時間40分程で［新見］着。伯備《はくび》線と合流する。特急「やくも」の停車駅でもあるにもかかわらず、新見駅には売店もなく閑散としていた。かろうじて駅近くにお弁当を売っている食堂があったので、飢えることはなく、購入してホームのベンチで昼食にした。

新見からは芸備線をたどる。1時間ほどの待ち合わせで13時1分発。姫新線と同じく、キハ120形1両だった。早朝の始発列車の次に発車する2番列車。閑散路線という噂だったが、列車本数が極端に少ないせいか、姫新線よりも多くの人が乗ってきた。といっても10人ほどなので、全員が座れる。もっとも、ボックス席はやはり4つしかなく、進行方向窓側に座るには、早めにドア前に立っていないと無理だ。そこは慣れたもので、ここでも首尾よく理想の席をゲットできたのである。

芸備線の列車といっても、新見から最初の2駅は伯備線を走り、「備中神代《びっちゅうこうじろ》」からが本来の芸備線である。姫新線と同じようなのどかな田園地帯をのんびり進んだ後、だんだんと山中に分け入っていく。中国山地のローカル線は、どこも似たような感じだ。車窓に強烈なインパクトはないけれど、心休まるのどかさに惹かれる。線路は神代川と中国自動車道に並走している。道路が立派であれば、芸備線に勝ち目はなく、客離れが進み苦戦して

か細い鉄路

いる。

「野《の》馳《ち》駅」までが岡山県で、広島県に入り最初の駅は「東城《とうじょう》」。ここで折り返す列車もあり、この先は1日に列車が3往復しか走らない超閑散路線となる。1日平均の通過旅客人員8名というとんでもなく少ない数字だ。2018年3月末で廃止となった三江線でさえ50人くらいの数字である。よくも、廃止の話が出ないものだ。もっとも、この日は10人以上乗っていた。廃止となる三江線詣でに三次まで行く人が、ついでに別のローカル線を利用しているのだろうか？ そのせいで若干混んでいるのかもしれない。姫新線同様、時速25キロでののろのろ進む区間が何カ所もある。

一時賑わう備後落合駅

列車本数が少なすぎるせいか、路盤は朽ち果てるように草茫々、線路際の枝が車両にぶつかり、ゆらゆら揺れながら低速で進む。

山の中のジャンクション「備後落合駅」で列車を乗り換える。木次《きすき》線との接続駅でもあるので、3つの列車が揃うと、一瞬賑わいを取り戻す。列車と言っても、すべて1両のキハ120形だ。紛らわしいので、運転士さんに行先を確認して乗り換えた。

「備後西城《びんごさいじょう》」「備後庄原《びんごしょうばら》」と駒を進め、夕陽に向かうようにして「三次」へ向かう。備後西城駅にはヘアサロンが駅舎内にある。立寄る時間はないけれど、ホームに大きな看板が出ていたので思い出した次第である。福塩《ふくえん》線

ローカル線の旅（芸備線野馳駅）

との乗換駅［塩町］を過ぎると、盆地の中をひた走り、三次へラストスパートする。

三次からは、この日の行程最後の列車に乗り込む。これまでの１両だけのキハ１２０とは異なり、２両編成の快速列車「みよしライナー」だ。小駅をいくつも通過し、加減速もスムーズだ。特別料金不要列車にもかかわらず、丸一日キハ１２０ばかり乗っていたので、この列車が特急列車のような錯覚を起こしてしまった。

次第に日は暮れ、［広島］着は17時34分。すっかり夜になっていた。一日がかりの長い旅は終わったが、大変充実した列車旅だった。

（２０１７年11月９日乗車）

23

因美線
【鳥取駅（鳥取）⬇津山駅（岡山）】

雨にけぶるＪＲ因美線の旅

鳥取駅から岡山駅に鉄道で向かうなら、智頭《ちづ》急行線経由の特急「スーパーいなば」利用が一般的であろうが、途中で２０１６年春にオープンした「津山まなびの鉄道館」に立ち寄ろうとしたために、ＪＲ因美線《いんびせん》を経由することにした。

因美線津山行き

ところが、鳥取駅から因美線に直通する列車はないのである。鳥取駅発の因美線は、特急も普通列車もすべて、因美線の智頭駅と津山駅間を無視している。郡家《こおげ》駅から若桜《わかさ》鉄道へ乗入れる列車以外は、智頭駅で折り返す列車、智頭駅から智頭急行線に乗り入れる列車ばかりだ。鳥取駅から智頭駅間は因美線とはいうものの、智頭駅と上郡《かみごおり》駅を結ぶ智頭急行線と一体となっていて、智頭急行線が鳥取駅まで延びているような雰囲気なのである。それを裏付けるように、鳥取駅発智頭行きの列車は、因美線だけを走るにもかかわらず、智頭急行のディーゼルカーが用いられていた。

まずは、この列車で智頭駅まで向かうこと

にした。わずか1両の列車で、シニア女性のグループをメインに満席に近い状況だった。何とか進行方向窓側の席を確保したものの、4人席はすべて埋まり、やや窮屈である。［鳥取］を出ると、列車はほぼ南に向かって進路を定め、遠くに見える山々を目指して平地を快走する。

意外なことに若桜鉄道の乗換駅［郡家］でかなりの人が降り、車内はすっかり寂しくなった。女性グループも下車したので、静かになり、列車は以後淡々と各駅に停まり、鳥取を出て50分足らずで［智頭］に到着した。

この列車は、智頭で15分程停車した後、智頭急行線に乗り入れて大原まで行く。次の津山行きは、ほぼ1時間後の発車である。朝8時15分発の津山行きのあとは、この列車まで5時間近く間隔があいているとは、凄まじい列車ダイヤだ。もっとも智頭駅にいる限りは、その間に、智頭急行線経由の岡山発鳥取行きの特急「スーパーいなば」がやってくるし、智頭駅が終点となる智頭急行線の列車も到着するなど、見ているだけで退屈はしない。

そうこうしているうちに、発車の10分程前くらいになると、津山から列車が到着した。やや小ぶりのディーゼルカーであるキハ120形1両だけの列車である。折返しとなるの

因美線那岐駅構内

で、降りる人を待って乗りこもうとしたら、たった一人しか乗客はいなかった。乗り込んだのも私一人だけだ。さすがに発車間際になって、若い女性とシニアの女性が車内に入ってきたけれど、合わせて3人。列車本数が極端に少ないのもうなずける。

たまたま智頭急行の普通列車と同時発車で、向こうも1両だけ。並んで走っているうちにだんだんと線路が離れていき、やがて見えなくなった。

さて、鳥取駅から智頭までの区間とはうって変わり、津山行きは山間部を走る。智頭から2つめの「那岐《なぎ》駅」は、長いホームが向かい合っていて、かつては急行列車が行き交った重要な路線だったことを偲ばせる。ここで若い女性が降りていき、車内は2人だけになってしまった。後部のボックス席だけで事足り、前方のロングシート席は無人である。

このあたりで、列車は進行方向を西に変え、やがて長い物見トンネルを抜けると「美作《みまさか》河井《かわい》駅」。美作という旧国名で分かるように、トンネルを境にして岡山県に入ったのだ。鳥取県内は曇り空だったのに、岡山県に入ると雨が降り出してきた。山間部の風景が水墨画のようにけぶって見える。次の「知和《ちわ》駅」も古びた木造駅舎で、誰も乗り降りしないので雨に打たれて寂しげだ。

まわりは次第次第に開けた感じになってきて、気が付くと乗客は2人ほど増えていた。もっともいずれも高齢者で私が最年少のようだった。

因美線は木造駅舎が多い。「美作加茂《みまさかかも》駅」は、そうした中でも小奇麗で近年リニューアルしたと思われる。ここから津山駅までは区間列車が走っているように、人の行き来はそれなりにあるらしく、2人ほど乗ってきて、やっと悲惨な状況は脱したようだ。一方、雨は少々激しくなり、車窓が見づらくなってきた。

「美作滝尾《みまさかたきお》駅」は、寅さん映画最後の作品である「男はつらいよ　寅次郎紅の花」の冒頭

因美線知和駅

シーンのロケが行われた駅だ。窓からはよく見えないので、短い停車時間にドアが開いたところで駅舎を垣間見ておいた。先を急ぐので下車しなかったが、いずれ再訪したいものである。

「東津山」で姫路方面から延びてくる姫《き》新《しん》線と合流し、吉井川を渡ると「津山」に到着である。当初の予定通り、降りしきる雨の中、駅の裏手にある「まなびの鉄道館」に足を運んだ。

（2016年10月26日乗車）

24

岩徳線

【岩国駅⬇徳山駅】（山口）

懐かしいタラコ色の車両、JR岩徳線ゆったりローカル旅

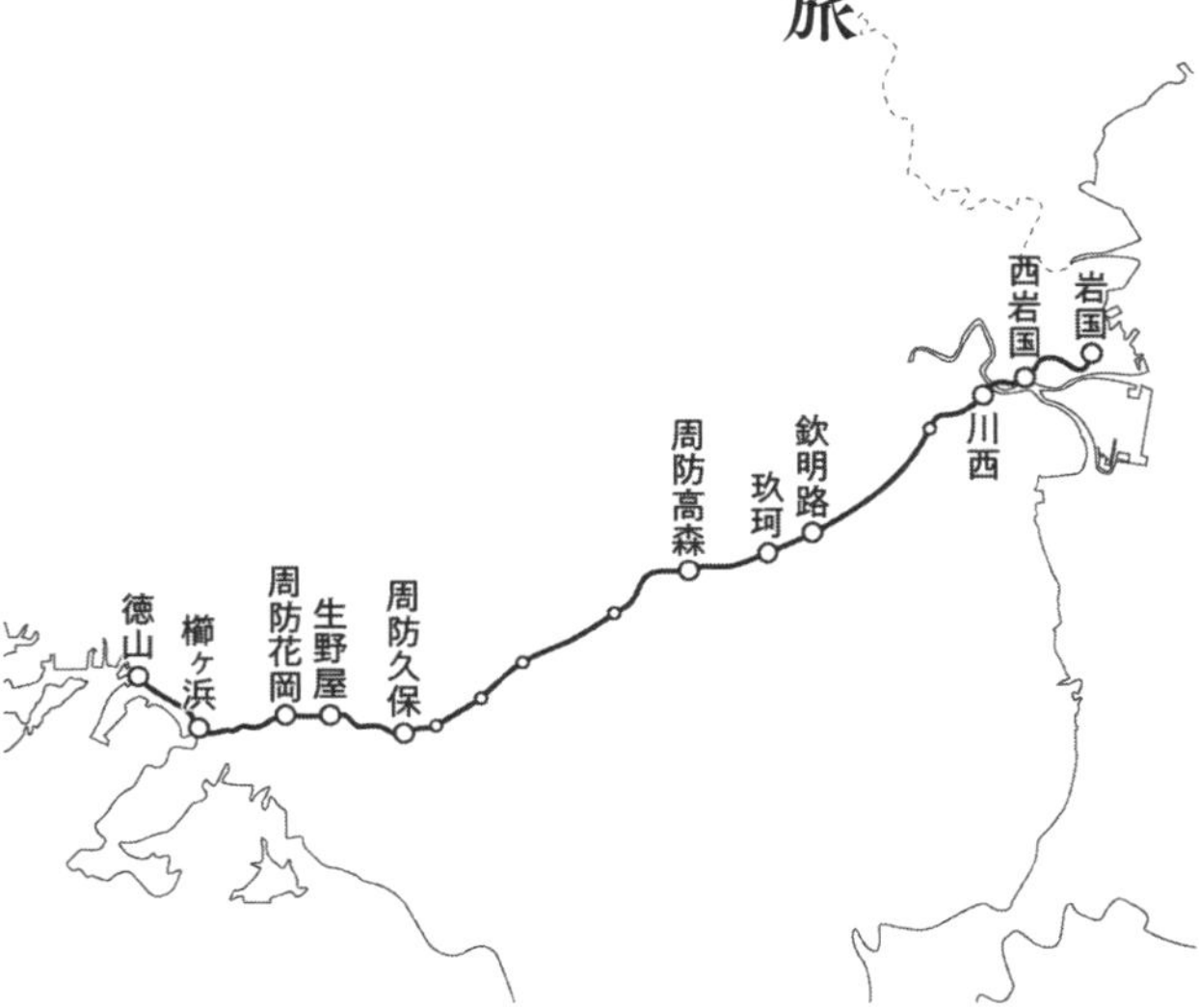

5月中旬に山口へ向かう途中、それまで乗ったことのなかったJR岩徳《がんとく》線経由で旅をすることにした。そのため、あえて広島駅で山陽新幹線「のぞみ」から下車。山陽本線の新型電車「レッドウィング」で岩国をめざした。

「岩国駅」の1番線が岩徳線乗り場

岩徳線＆錦川鉄道の車両（岩国駅）

だった。ほかの2つのホームは山陽本線の電車が発着するため架線が張られているものの、1番線は岩徳線専用のためか架線が張られておらず、上空はすっきりしている。待っていると、徳山方面にある車両基地から2両編成のディーゼルカーがホームに入ってきた。旧国鉄形のキハ47形で懐かしいタラコ色である。ノスタルジックな旅となりそうだ。ボックス席の窓側に座り、発車を待った。

定時に列車は重々しくエンジン音とともに動き出す。すぐに右にカーブして複線電化の山陽本線と袂を分かつ。こちらは単線非電化、いかにもローカル線といった風情だ。のんびり6分程走ると最初の停車駅［西岩国］。国の登録有形文化財となっている木造駅舎が有名だ。途中下車しないので駅舎正面の円形のアーチや窓のつくりは見えなかったが、赤茶色の屋根の洒落た様子は車窓から垣間見ることができた。

発車してしばらくすると錦川《にしきがわ》を渡る。少し上流に観光地としても名高い錦帯橋が架かっているはずだが、川が緩やかなにカーブして流れているので片鱗さえも見えなかった。

次の［川西駅］は、第3セクターの錦川鉄道（かつての国鉄岩日線）との分岐駅である。といってもホーム1面で線路が1本だけの簡素な駅で、とてもジャンクションに見えない。それもそのはず、実際の分岐点は、この先、700m近くある道祖峠トンネルを抜けた山中にある森ヶ原信号場にあるからだ。

線路が二手に分かれているだけの信号場を通過し、列車は錦川の支流に沿って、谷間をのんびりと走っていく。3000m以上もある欽明路《きんめいじ》トンネルを抜け、小さな［欽明路駅］を経て［玖珂《くが》］に停車する。それなりの集落があり、少々乗り降りがあった。

続いて、［周防《すおう》高森駅］に停車。7分も止まるのでホームに降りてみる。平日の午後4時を過ぎていたので下校途中の高校生でごった返していた。ほかのローカル線同様、岩徳線のお得意様は高校生なのだ。

2両編成の列車に比してホームは異様に長い。岩徳線は岩国から徳山までの瀬戸内海に沿って走る山陽本線よりもかなり短い距離で両都市を結ぶので、1934年の全通時に山陽本線の一部区間となったのだ。その後、山陽本線を複線にすることになり、山がちでトンネルの多い岩徳線の区間は工事の大変さから敬遠され、山陽本線は元の海沿いルートに戻ってしまった。つまり、岩徳線が山陽本線の一部であったのは10年ほどしかなかったのだが、長いホームや幹線並みの線路は、その面影なのだ。欽明路駅のように近年できた駅のホームはローカル線らしく短いのだが、歴史ある駅には、どこか幹線の風格を漂わせている。ただし、駅によっては、ホームの先端部分は草ぼうぼうで立ち入り禁止となっていて、ちょっとわびしい雰囲気なのが悲しい。

岩徳線通学風景

昭和30～40年代頃の蒸気機関車時代にはC62形が岩徳線の客車を牽引したこともあるという。重量級の機関車が走れる路線なら、大型蒸気機関車のイベント走行を実現してほしいものだ。

上り列車とすれ違い、岩国方面へ走り去っていくのを見送ったあと、列車は重い腰を上げるように動き出した。相変わらずなだらかな山に囲まれた谷間を走っていく。20分ほどの間にいくつもの駅に停車し、［周防久保駅］を出てしばらくすると、右手に立派な高架橋が見えてきた。山陽新幹線である。これまでも岩徳線とは1㎞近く並行して走っていたのだが、トンネルが多いことや、ずっと左手ばかり見ていたこともあり気づかなかった。岩徳線沿線に新幹線の駅はないものの、このルートがショートカットなので新幹線も瀬戸内海沿いではなく、こちらを走っているのだ。

初めて新幹線の高架下をくぐり、［生野屋《いくのや》駅］から次の［周防花岡駅］までの２ｋｍほどは新幹線高架を見上げながら進む。もっとも、高架橋が近すぎるのと防音壁が妨げとなり、新幹線電車の疾走ぶりを見ることはできなかった。

周防花岡駅を出ると、再び新幹線高架橋をくぐり、次第に離れていく。山並みは遠ざか

岩徳線車窓

り、5分ほど走ると、複線電化の線路が近づいてきた。山陽本線と合流し、［櫛ヶ浜駅《くしがはま》］に到着。岩徳線の旅は終る。櫛ヶ浜駅のホームは山陽本線の脇にあり遠慮がちに停車する。

もっとも、すべての列車は山陽本線に乗り入れ、一駅だけ走って［徳山駅］が終点である。列車は少々停車して時間調整をしたのち、意を決したように山陽本線に歩を進め、電車に負けないように精いっぱいエンジンを噴かせて力走。山間部を走っていた時とは、別の列車のようなラストスパートだった。

（2018年5月11日乗車）

㉕ 牟岐線・阿佐海岸鉄道（第三セクター）
【徳島駅（徳島）⬇甲浦駅（高知）】

四国みぎした鉄道紀行

四国の地図で「右下」にあたる徳島県東南部の海岸線には、徳島からＪＲ牟岐線《むぎせん》とそれに接続する第三セクターの阿佐海岸鉄道が延びている。「四国みぎしたＧＯＧＯフリーきっぷ」という室戸岬をまわって高知に至るルート（といっても全区間を鉄道が通ってい

特急むろと

るわけではない）の周遊きっぷもあるので、訪れる人もいるのだろう。残念ながら四国ではこのあたりだけは行ったことがなかったので、先日、四国へ行った時に、時間をやりくりして、初めて牟岐線に乗ってみることにした。と言っても、高知まで行く時間はなかったので、前記のきっぷを使ったわけではない。「徳島駅」から牟岐線の特急「むろと1号」に乗る（2019年3月のダイヤ改正で牟岐線の特急列車は下りは夜の1本、上りは朝の1本に減便されてしまった）。徳島県は47都道府県中、唯一鉄道電化ゼロの県。電車の全く走っていない貴重な地域であり、「むろと1号」も当然ディーゼルカーである。それも

田井の浜付近の車窓

2両編成。特急らしからぬ列車だ。何も分からなかったので、指定券を取っておいたのだが、指定席は、1号車の前方4列、通路をはさんで2人掛けのシートが並んでいるので合計18席だけである。そのほかは自由席なので、区別するため青い枕カバーに白地で指定席と書いてあった。

時季にもよるのだろうが、4月下旬の連休前の平日だったせいか、車内はそれほど混んでいなかった。自由席でも楽々座れたようだ。列車は定時に発車し、徳島市街を抜け、いくつも川を渡って南へ進む。ローカル線とはいえ、かなりのスピードで走り、一応特急であるから乗り心地も悪くない。牟岐線には「阿波室戸シーサイドライン」という愛称が付いているので、さぞかし海の車窓がきれいなのだと思い、進行方向窓側を指定したのだが、一向に海は見えない。［南小松島］［羽ノ浦］［阿南］と停まって行っても、見えるのは田園風景ばかり。阿南でかなり降り、その先は、海どころか山岳地帯に迷い込む始末だ。

徳島を出て45分、［由岐《ゆき》］を発車すると、ようやく海が見えてきた。［田井ノ浜］という海水浴場があるところで、夏には臨時の駅も開設される。岬や島も見え、なかなかの眺めである。けれども、その先は再び海とは縁がなくなり、ウミガメで有名な［日和佐《ひわさ》］に停まると、もう特急の終点［牟岐］であった。

牟岐のホームの反対側には1両だけのローカル列車海部行きが停まっていた。慌ただしく乗り継ぐと、すぐに発車。各駅停車とは言え、新しいディーゼルカーだった。ほどほどに乗っていて、北海道のローカル線のように地元から見捨てられたような寂しさがないのは救いだ。意外にも、牟岐を出てからは海岸線に沿って走り、見ごたえのある車窓が続く。その一方で、雲がさらに増え、暗く空模様があやしくなってきた。

牟岐からのんびりと3つの駅に停まって15分程で［海部《かいふ》］着。ここからは阿佐海岸鉄道

阿佐海岸鉄道の車両（左）とJR四国の車両（右）

に乗り継ぐのだが、ほかの列車は影も形もない。不安になり、運転士に聞いてみると、反対側のホームで待つようにとのこと。同じ列車から降りた数人の後を追い、ホームの端にある踏切を渡ると、もう一本ホームがあった。線路がさらに延びているので、先の方を見るとトンネルがある。しばらくすると、そのトンネルから見慣れない1両だけのディーゼルカーが飛び出してきて、乗ってきたＪＲの車両と並ぶように停車した。これが阿佐海岸鉄道の列車だった。

乗りこむと、すぐに発車。引き続き海岸線を走るものの、今度はトンネルばかりだ。まるで地下鉄のような感じだ。いくつもトンネルをくぐるうちに雨が降り出してきた。ひとつだけの中間駅である［宍喰《ししくい》］を過ぎると、またしてもトンネル。意外に長いトンネルで抜けると終点の［甲浦《かんのうら》］。駅名標を見ると高知県と書いてある。トンネルが県境になっていたようだ。徳島県内だけの鉄道旅行かと思いきや、高知県まで来てしまったとは意外だった。高架線上にホームがあり、ポツンと線路が途切れたような未完成な終着駅。計画では室戸岬をまわって、ごめん・なはり線とつながり高知へ向かうはずだったのだが、もう実現することはないだろう。

傘を差して、高架下にある駅舎で折返し列車が出発するまでの30分程を過ごす。案内所を兼ねた施設に係の女性が2人いて、それほど寂しい感じはしなかった。わずか1人の乗客を乗せたバスを見送る。時間があれば、そのバスで室戸岬を訪れたかったのだが、またの機会の楽しみにとっておこう。ともあれ、牟岐線全線に乗ったことで、JR四国の路線は全線完乗となった。晴れ晴れとした気分で、徳島方面へ戻ったのである。

（2017年4月25日乗車）

㉖

筑豊本線・後藤寺線・日田彦山線

【原田駅➡田川後藤寺➡添田➡小倉駅】（福岡）

筑豊エリアの路線乗りつぶしと日田彦山線

九州滞在中に筑豊エリアでまだ乗ったことのなかった路線を1日かけて乗りつぶす計画を立てた。博多駅前に宿泊していたので、［博多駅］からJR鹿児島本線で出発。各駅停車で南下して［鳥栖駅］の手前にある［原田駅《はるだ》］で下車した。

原田駅にて

まずは、筑豊本線の一部区間である原田駅と「桂川《けいせん》」の間を走破する。筑豊本線沿線は、博多駅からだと篠栗線《ささぐりせん》経由で飯塚や直方へ行くのが便利でメインルートになっている。2001年には篠栗線とともに筑豊本線の桂川～折尾付近が電化され、福北ゆたか線という愛称で、このルートに電車が走るようになった。SL時代、ディーゼル時代と石炭輸送の重厚なイメージが強かった筑豊本線の雰囲気ががらっと変わったわけで、そのあおりを受けて原田～桂川間は、すっかり取り残された感がある。私も福北ゆたか線には乗ったことがあったのに、この原田～桂川間は、乗り残したままの区間であった。

非電化区間で単線、旧国鉄時代からのキハ40系ディーゼルカーがたった1両のみで1日数往復するのみ。いわばネックとなるこの区間の列車ダイヤを中心に、1日の行程を計画したのである。

2日ほどの滞在中、朝の鹿児島本線は混雑などの理由で遅れ気味であった。ぎりぎりの接続で乗り遅れたのでは、元も子もないので余裕を持って早めに博多を出発。原田駅でのんびり過ごしてから、1両のみの桂川行きディーゼルカーに乗り込んだ。駅の案内では、筑豊本線の名前は見当たらず、原田線と呼んでいるようだ。伝統ある筑豊本線の名がないとは、ちょっと淋しい。

数人の乗客が座っただけで発車。鹿児島本線と分かれて北東へ進む。小雨が降りしきる中を走るローカル列車から眺める車窓は、ちょっとわびしく物悲しい。複線の西鉄電車を高架で跨ぐあたりは都市近郊の雰囲気であったが、やがて山中に迷い込み、長い冷水《ひやみず》トンネルで峠を越える。SL時代には撮影名所だったところだが、むろん写真でしか知らない。長いホームを持て余し、すれ違いができた駅も片方のホームは線路が外され草ぼうぼうで淋しい。平地に入り、少しだけ乗客が増えると、博多方面からの篠栗線と合流し桂川に到

飯塚付近のボタ山

着である。原田駅から28分、これにて筑豊本線は完乗だ。

跨線橋を渡って直方方面の電車が発着するホームへ。5分程の接続で3両編成の電車が到着した。正面が黒く、サイドがシルバーという個性的な塗装の車両だ。ほどほどの混み方だったが、難なくクロスシートの窓側席を確保。ディーゼルカーと違って軽快なテンポで走る。炭鉱で不要となった捨石を積み上げて人工的に作ったボタ山が車窓に現われるのが筑豊らしい。2駅目が「飯塚」でその次が「新飯塚」。桂川から10分程で到着だ。次に乗るのは後《ご》藤《とう》寺《じ》線《せん》である。紛らわしいので、飯塚ではなくて新飯塚だと言い聞かせて飯塚をやり過ごし、新飯塚で下車。別のホームに後藤寺線のディーゼルカーが停まっているのを確認して乗り換えた。

筑豊本線電化区間以外の各線の列車本数は、決して多いとは言えないのだが、接続は良好だ。後藤寺線との乗換時間も5分である。スムーズでいいのだが、鉄道旅行としてはせわしない。20分程あれば駅前の様子を見たり、記念に入場券を買ったりできるのだが、それは不可能だ。ただ黙々と列車を乗り継ぐのみ。しかも、発車間際とあって、ほとんどのボックスが埋まっている。幸い2人掛けで進行方向とは逆向きの狭いスペースだけが空いていた。4人掛けボックス席ばかりの車内で、この空間は異例だ。

ともあれ、初めての後藤寺線である。ごとごとと動き出し、筑豊本線と分かれていったんは南東へ向かい、その後、東へと進む。平坦な田園地帯を通り、やがて左に台形のような形をした山が見えてくる。トンネルを抜けたところに大きなセメント工場があり、「船尾駅」に停車。大物政治家の一族が関わる工場だ。さらに5分程走ると、終点の「田川後藤寺」。20分程の短い旅だった。

次は、日田彦山線《ひたひこさんせん》に乗るのだが、隣のホームに停まっているのはカラフルなディーゼル

添田で折り返す日田彦山線

カーで、これは日田彦山線ではなく、平成筑豊鉄道の車両だ。ここでの乗換時間も4分とわずかなので焦る。4番線に停車中の列車が[添田《そえだ》]行きです、との構内放送があった。見渡すと、かなり離れたところにもう一つホームがあり、原田線や後藤寺線で乗ったのと同じ塗装のディーゼルカーが停まっている。急いで階段を駆け上がり、添田・彦山・日田方面という案内に従って進む。階段を降りると、一応車両の行先表示に添田と書いてあるのを確認して列車に乗り込んだ。意外なことに2両編成である。そのせいか、車内は空いていて、席は選り取り見取りだった。

ボックス席に収まり、一息ついて窓の外を

眺めると、列車はエンジン音を響かせながら発車した。慌ただしい乗り継ぎはここまでなので、ホッとした気分で車窓を眺めながらくつろぐ。

田川の市街地を抜け、やや高い築堤から田園風景を見下ろすように走る。［池尻］［豊前《ぶぜん》川崎］と各駅に停まり、少しづつ降りていくばかりで、新たに乗ってくる人はいない。小雨の降る中、［西添田］を出ると、次は［添田］。日田彦山線は、２０１７年7月の九州北部豪雨により、添田駅以南、［夜明《よあけ》駅］までが不通となっていて、添田が当面の終点だ。

列車はスピードを落とし、S字カーブを曲がるとあっけなく添田駅に到着した。先頭車両の運転台寄りのドアだけが開くとの放送があった。無人駅のようである。

「ハロー！　自由時間ネットパス」という乗り放題のきっぷを運転士に見せてホームに降り立つ。島式ホームだが、ほかに車両は停まっていない。雨が降っていたので、ホームの端から不通区間の線路を眺めただけにして、ホームの屋根の下にとどまった。駅舎はないものと思っていたが、あとで調べたら、構内踏切を渡って１００mほど離れた位置にあったらしい。もっとも、雨だったから知っていても行く気はなかった。

列車は30分程停車した後、折返しの［小倉］行きとなった。ガラガラだったが、田川後藤寺駅からは、それなりに乗ってきて、席の移動は無理だった。石灰石の採掘により山容が崩れた香春岳《かわらだけ》を見つつ、さらに山を越えて小倉に向かう。

小倉に到着すると、筑豊エリアのＪＲ線は完乗となった。日田彦山線の添田以南は未乗だが、いまのところ復旧時期は未定である。いつになるか分からないけれど、復活したら添田以南の路線に乗らなくてはと思う。気長に待つとしよう。

（２０１８年６月６日乗車）

27

筑肥線

【伊万里駅（佐賀）➡博多駅（福岡）】

ローカル区間と都市近郊区間を併せ持つJR筑肥線の旅

JR筑肥線《ちくひせん》は不思議な路線である。博多駅から西へ進む地下鉄空港線の終点姪浜《めいのはま》駅が起点となり、唐津駅までの電化区間と、唐津駅から唐津線に乗り換えて南へ2駅目行ったところにある山本駅からさらに西へ向かい磁器で有名な伊万里まで延びるローカル色たっ

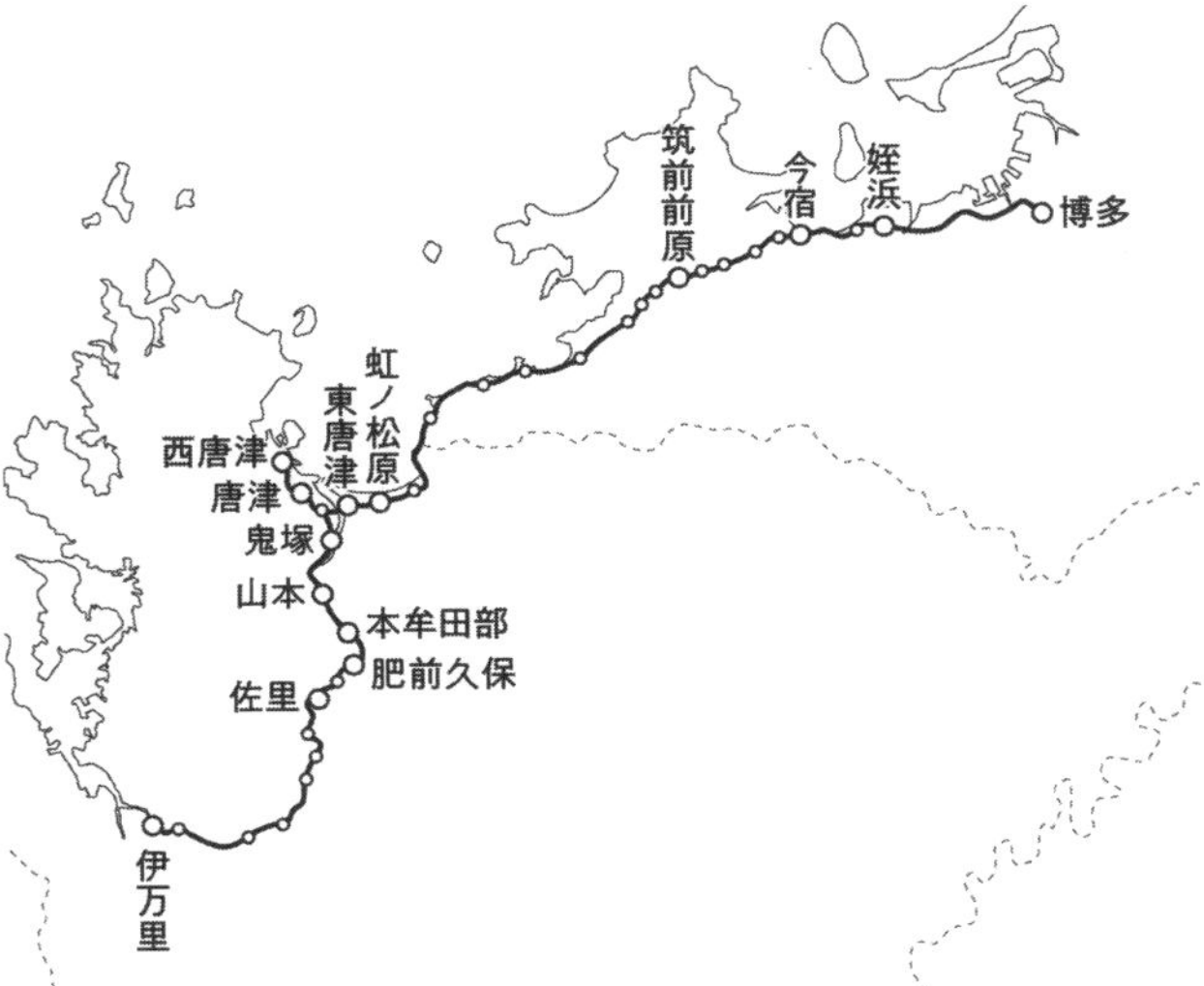

伊万里駅に到着するディーゼルカー

ぷりの2つの区間から成り立っているのだ。今回は、伊万里から博多へ向けて旅をしてみた。

［伊万里駅］は道路をはさんで西側に第3セクター松浦鉄道の駅と東側のJR筑肥線の駅とが向かい合っている。道路はクルマの通行量が多いためか横断歩道がなく、エレベーターか階段で2階へ上がり、デッキを通って移動することになる。小雨が降っていて、屋根付きのデッキといえども雨に濡れてしまう。歩道がないのが残念だ。

松浦鉄道の伊万里駅は3番線まであるそれなりの規模の駅なのに、筑肥線の伊万里駅は、ホームの片側に行き止まりの線路が1本あるだけの寂しい終着駅だった。駅員がいて窓口があるのが救いだった。記念に入場券を買ってホームに出た。しばらくすると、黄色いディーゼルカーが1両だけで到着。これが折返しの唐津行きとなる。

女子学生風の若者が2人、それにシニアの女性が一人と私の4人を乗せた列車は13時34分、定時に発車した。筑肥線は、幹線に分類されていて、時刻表では黒く太い線で描かれている。しかし、私が乗った伊万里発の唐津行きはディーゼルカー1両で乗客も少ない。とうてい幹線といえる状況ではなかった。

列車は、各駅に停車しながら、なだらかな山に囲まれた農村地帯をのんびりと走る。女子学生が一人づつ降りていき、車内はシニア女性と私の2人になった。次第に山深くなり、[佐里《さり》]という駅で女性が下車し、ついに私一人だけになってしまった。まさに貸切状態である。その先は、乗り降りがないけれど、列車は律儀に停車し、ドアを開け閉めしながら発車していく。

[肥前久保駅]を出てしばらくすると、山腹を走っている車内から松浦川を渡るトラス橋が右手後方に見えた。ＪＲ唐津線の線路で、トンネルを抜けると唐津線を跨いで列車は右

西唐津発福岡空港行き電車

側に移り、唐津線と並走する。2本の線路が並び、一見複線のようだが、右側を走るので違和感がある。［本牟田部駅《ほんむたべ》］は唐津線の側にしかホームがないので通過、かなりのスピードを出しているので快速列車に変身したみたいだ。しばらく唐津線の右側を走ってようやく［山本駅］に停車。ここで二つの線路が合流して、正真正銘の単線になる。列車はそのまま唐津線に乗り入れる。

気が付くと乗ってきた人がいて、何だかホッとした。次の［鬼塚駅］は、広くなった松浦川の河畔にあり、写真を撮りたくなる駅だ。発車後、松浦川と分かれると高架になり、唐津市内を見渡しながら進むと、博多方面からやってきた筑肥線と合流して唐津駅に到着する。

せっかくなので一駅先の［西唐津駅］まで行く。広大な車両基地があるのに、ホームは片面だけで、行き違いもできないようになっている。駅員にフリーきっぷを見せて、一旦、改札口の外へ出てみたけれど、何もなさそうなので再びホームに入った。

先ほどとは異なり6両編成の電車が車両基地からやってきた。福岡空港行きとなっている。車内は、すべてロングシート。旅気分は失せた。

ガラガラのまま発車。先頭車両でホームの端に停車したせいか、高架の唐津駅でも私の乗った車両には誰も乗って来なかった。高架線を走る様子は、福岡近郊区間といったところだ。唐津駅から再び筑肥線となる。6両編成の電車が走る姿は伊万里からの区間とは雲泥の差で、これなら幹線と呼ばれても違和感はない。

河口近くで幅の広い松浦川を渡ると［東唐津駅］。このあたりは、1983年の電化で線路が付け変えられ、スイッチバックの駅だった東唐津駅も移転して高架になった。かつては、別の場所にあった旧東唐津駅からすぐには川を渡らないで南下し、山本駅で唐津線と合流して、さきほど乗ってきた線路を通って伊万里へ向かっていた。電化して区間変更

玄界灘の車窓

となったので、筑肥線は分断されてしまったのだ。
ロングシートの通勤電車なのに、車窓は見ごたえがある。[虹ノ松原駅]あたりで松林の中を走り、やがて玄界灘に沿って走る。いくつもの岬があって一旦海岸線が見えなくなるところがあるものの、絶景区間が続く。ほとんど人がいなかったので、のんびり海の車窓を楽しめたけれど、混んでいたら窓を背にしているため残念な状況になる。クロスシートの車両を走らせて欲しい。イベントで観光列車が走ると耳にしたけれど、1回限りではなく定期化すればいいのにと思う。もっとも、このまま乗り続けると地下鉄線に直通してしまうので、列車ダイヤの設定が難しいようだ。

［筑前前原駅《ちくぜんまえばる》］からは複線区間となる。乗客も増え、ロングシートに斜めに座ったりすることもできなくなってきた。［今宿駅《いまじゅく》］を出ると、再び玄海灘が見えたけれど、もうゆっくり車窓を楽しむ余裕がなくなってきた。［姪浜駅］で乗務員が交代し、ＪＲ筑肥線から福岡市地下鉄空港線へと乗入れる。地下に潜ると、窓の外は闇となり、私の前にも人が立つようになった。あとは、20分程じっと我慢して［博多駅］で下車した。

閑散とした伊万里駅から唐津を経て通勤電車に乗り継いだ筑肥線の旅。最初と最後では、同じ線名を名乗っているにもかかわらずあまりにも雰囲気が異なる様子に驚いた3時間だった。

（２０１８年６月５日乗車）

ローカル線の魅力（私鉄／第三セクター）

大鉄道会社の枝分かれした末端のローカル線と異なり、中小私鉄や第三セクター鉄道の路線は、その路線がなくなれば会社自体がなくなってしまうので、ある意味必死に頑張っている。様々なアイデア、ユニークな列車、駅の雰囲気などどれをとってもやる気が伝わってきて応援したくなる。

沿線のサポーターも大勢いて、熱い応援団として心強く鉄道に関わっている。もっとも、大資本ではないので、やりくりが大変そうだが、手作り感があるし、古いものを大切に使って、レトロ感やローカル色を前面に打ち出す戦略は、見事である。きっぷも硬券を発行し続けるなど、ファン心理をつかんだ方針に拍手を送りたい。

車両の調達にも苦労しているので、大手の鉄道会社から譲り受けた歴史的な車両を大事に使い、ノスタルジックな気分を醸し出す演出も忘れないのが効果的だ。

その最たるものが大井川鐵道であろう。本線はＳＬ列車や大手私鉄の旧型電車が走り、動く博物館的な要素がある。一方、本書で取り上げた井川線は、トロッコ列車的な車両が走る秘境的路線であり、秘境駅のようなたたずまいとともに、アプト式機関車や湖上駅のような新しくも型破りな施設が興味深く、鉄道自体を観光資源としているのが素晴らしい。とはいえ、由利高原鉄道や三陸鉄道など新しく快適なディーゼルカーを導入し、心地良い気分でのどかな車窓を楽しめる路線もある。大きなテーブルや身障者にも配慮したトイレなどレトロな車両が定番だったローカル線のイメージを大きく変えるものだ。また、松浦鉄道のように列車本数を増やしてローカル線といえども利便性を向上させているのは頼もしい。

厳密な意味ではローカル線とは言えないかもしれないけれど、湘南モノレールと静岡鉄道は小規模ながらいい味を出している。都市鉄道としても機能しているけれど、利便性のみではない、乗っていて楽しくなるような鉄道の魅力がある。

ローカル線を旅するということは沿線の活性化に貢献することでもある。観光地を訪れるだけではなく、駅前の店で買い物をしたり、食事をするなどしてささやかながらも地域経済に潤いをもたらすことができればと思う。

28

三陸鉄道

【釜石駅⬇宮古駅】（岩手）

8年ぶりの復活、三陸鉄道初乗車

２０１９年３月23日、東日本大震災以来不通になっていたＪＲ山田線の宮古〜釜石間が8年振りに復旧、同時に三陸鉄道に移管され、記念列車が運行された。そして、三陸鉄道リアス線の一部区間として24日から営業を開始した。すぐにでも乗りに行きたかったのだが、開業フィーバーの大混雑を避けたかったのと、諸般の事情から延び延びになり、ようやく5月下旬に訪問することができた。当初の混雑は解消し、静かになったかと思いきや、相変わらずの団体ツアーや海外からの旅行客も散見し、三陸鉄道にとっては嬉しい話なのではないだろうか。

カラフルな三陸鉄道のディーゼルカー

東京からの列車の乗り継ぎの利便性などを考えて、今回は［釜石駅］から乗車することにした。釜石駅には、ＪＲの２本あるホームとはやや離れたところに三陸鉄道専用のホームがある。南リアス線時代には、このホームから盛行きが発着していたのだが、線路配置の都合から宮古方面へは直通できない。したがって、新規開業区間を走る三陸鉄道の列車はＪＲのホームである４番線と時には３番線を間借りしての発着となっている。

さて、４番線に到着した三陸鉄道の宮古行きは２両編成で、祝三陸鉄道リアス線開通のヘッドマークを誇らしげに掲げていた。先頭の車両はかなり混雑していたけれど、２両目はガラガラだったので、海側のクロスシートに座ることができた。発車間際には、かなり席が埋まり、私の向かいにも通路側に一人腰かけた。

発車すると、右手にSL銀河用の車庫やターンテーブルが見える。JR釜石線と並んで大渡川を跨ぐ。釜石線はSL銀河の取材で何回も乗っているけれど、いつも車窓から列車が走ることのない山田線の隣の線路を残念な気持ちで眺めていた。今、その線路を走っていると思うと感慨深いものがある。

列車は、さっそく山深いエリアに差し掛かり、トンネルが連続する。両石湾が見えてきたあたりで、この先宮古を経て久慈まで並走する国道45号線が姿を現す。道路脇に「ここまで過去の津波浸水区間」という標識が目に入る。津波警報が発令された際の注意喚起ボードだ。嫌でも、あの時のことを思い出す。

山を越えて、2つ目の駅「鵜住居《うのすまい》」に到着。鵜住居といえば、数年前に訪れた宝来館という浜辺の宿のことが頭をよぎる。津波にのまれながらも九死に一生を得た女将の話は実体験だけに忘れられない生々しさがあった。その女将が中心となって誘致したラグビーワールドカップ釜石開催。その会場となる釜石鵜住居復興スタジアムが駅の少し奥に姿を

大槌駅

見せていた。ホームにある待合室の外壁には「トライステーション」の文字とともに地元中学生の手になるカラフルなイラストが描かれ、ラグビーワールドカップを盛り上げようとしている。２０１９年秋の大会は国内の12都市が会場となり、釜石で開催される試合は2試合のみだが、鵜住居周辺は大いに来訪者で賑わうことだろう。
トンネルを抜けると［大槌駅］だ。大槌町も震災とそれによる津波と火災で甚大な被害に見舞われ、町長をはじめ多くの犠牲者が出た。駅舎や構内も流失したので、すべて新しくなり、ひょうたんの形をしたユニークな駅舎が完成した。これは、大槌湾に浮かぶ蓬萊

吉里吉里海岸

島がNHKで半世紀前に放送された人形劇「ひょっこりひょうたん島」のモデルと言われているためだ。それにあやかって駅舎の内外には、「ひょうたん島」に登場した人気キャラクターの人形が多数置かれていて楽しい気分を味わうことができる。駅舎内にあるレストランで提供される新巻鮭ラーメンとともに大槌の新たな観光資源となっている。

　さらに山をトンネルで抜けると「吉里吉里駅」だ。井上ひさしの小説「吉里吉里人」と同じ名前なので一時有名になった場所である。小説の舞台は一ノ関あたりらしいから、ゆかりの地とするには少々無理がある。それとは関係ないけれど、海岸線がきれいとのことな

陸中山田駅

ので、途中下車して片道10分あまり歩いて海を見てきた。道路から見下ろすときれいな砂浜が広がっている。歩くとキリキリと音が出る「鳴き砂」に由来する地名とのことだ。夏になると海水浴客で賑わうことだろう。

吉里吉里駅を出てしばらくすると、浪板海岸が見えてくる。片寄せ波で知られる砂浜だったが、震災後形が変わってしまったとのこと。近くにあるホテルの送迎車が列車から降りた人たちを浪板海岸駅まで迎えにきていた。このあたりの車窓から眺める海岸線は美しい。元々は第二次大戦前に開通した路線なので、1980年前後に完成した北リアス線や南リアス線のようなトンネルと橋梁の多い高規格路線と異なり、地形に忠実に走る。それゆえ、車窓が存分に楽しめる区間なのだ。

列車は、北北東方向に進み［岩手船越駅］へ。本州最東端の駅と記されている。周囲は集落で、やや離れたところにある鯨と海の科学館以外は、取り立てて目につくものはなさそうだ。さらに走ると再び海が現われ、［織笠駅］に停まると、次は［陸中山田駅］である。元来の山田線は、ここを通るからこその命名だ。駅舎も立派なので、途中下車してみた。

オランダの風車を模した駅舎は、山田湾に浮かぶ大島という小さな島がオランダ島と呼ばれることにちなむ。江戸時代初期にオランダ船が来航した史実によるとのこと。そのオランダ島を一目見ようと海岸まで行ったのだが、震災後の護岸工事で高い防波堤が出来ていて海は全く見えなかった。

駅に戻ると、駅舎内の待合室はホテルのロビーのような豪華なものだった。ここで次の列車を待つのも悪くはない。しばらくすると、列車が入って来る音がした。ずいぶん早いなあと思ってホームをのぞくと、この路線には縁がないはずのJRのレストラン列車TOHOKU EMOTIONが停車していた。6月8日と9日に八戸から久慈、宮古を経て釜石まで特別企画のTOHOKU EMOTION SPECIALが往復するとのことで、その試運転列車だった。線路がつながったからこそ運転できる列車だ。やはり、鉄路による復旧は、バス転換と異なり、遠方からの直通運転も可能になり、沿線の活性化に寄与すること大なのだ。8年かかったけれど、復活して本当に良かったと思う。

陸中山田からは、大きな峠越えがあり、次の［豊間根駅］まで15分もかかる。さらに進むと宮古市に入る。市内には、このたびの復旧で誕生した駅が2つある。［払川駅］と、［津軽石駅］をはさんで、その隣の［八木沢・宮古短大駅］だ。少しでも利用客を増やそうとの取り組みは大いに評価したい。

宮古駅の一つ手前の［磯鶏《そけい》駅］の目の前にある公園にはキューロク（9600）形蒸気機関車が静態保存されていた。調べてみると、東北本線などで活躍したとのことで、地元の山田線を走った機関車ではなさそうだ。

最後に、河口近くの閉伊川を渡ると、［宮古駅］に到着する。リアス線は、さらに北上して久慈まで延びているけれど、乗ってきた列車は宮古駅が終点であるし、今回の再開区間はここまでなので、とりあえず、ここで列車旅を終えることにしよう。まだまだ開業人気は続きそうで、沿線は明るい雰囲気に満ちていた。

（2019年5月28&29日乗車）

29

由利高原鉄道
【羽後本荘駅➡矢島駅】（秋田）

心温まる由利高原鉄道の旅

ＪＲ［秋田駅］から特急「いなほ号」で35分、［羽後本荘駅《うごほんじょう》］に到着する。この駅から、鳥海山《ちょうかいさん》ろく線の愛称で親しまれている由利高原鉄道に乗車した。列車の接続がよくなく、1時間近く待った後、矢島行きの1両編成のディーゼルカーに乗りこんだ。

由利高原鉄道のディーゼルカー

各駅停車の普通の列車だが、「まごころ列車」という愛称が付き、秋田おばこのイラスト入りのヘッドマークも掲げている。1日1往復のイベント的な列車で、秋田おばこ姿の女性アテンダントが乗り降りの案内はもちろんのこと、車窓案内、列車や鉄道の説明、そして車内販売など真心を込めてサービスしてくれるのだ。

車両もつい最近登場した新しいもので、側面には鳥海山と秋田おばこのイラストが描かれ「おばこ」と大書されている。明るい車内の4人掛けボックス席には大きなテーブルも設置され、食事はもちろんのこと、地図を広げて沿線の様子を調べることもできる。終点矢島《やしま》まで40分程のミニトリップなのに、きれいなトイレが設置されていて安心だ。第一印象は極めて良好である。

発車後、しばらくJR羽越《うえつ》本線と並走し、やっとのことで分かれるとすぐに最初の駅［薬師堂］に到着した。和風の小さな駅舎が立っているが、新しく小奇麗だ。次の［子吉《こよし》駅］も同じような駅舎だが、これも新しい。車両も駅も新しく、古びてどこか淋しげなローカル線の暗いイメージが払拭されているのが好ましい。線路の脇には、背の高いフェンスが延々と続いている。横殴りの吹雪対策とのことで、厳しい冬が長く続く北国らしい風景だ。次の［鮎川駅］との間の線路際には、廃校となった小学校の木造校舎が立っていた。国の登録有形文化財とのことで、美しくも懐かしい姿を今に伝えている。2018年夏には校舎を活用した鳥海山木のおもちゃ美術館がオープンし、それとタイアップした「おもちゃ列車」が走るようになった。

子吉川を渡り、［曲沢《まがりさわ》駅］を出ると、車窓右側に鳥海山がきれいに見えるビューポイントがある。アテンダントさんが教えてくれたのだが、あいにくよく見えない。いや、見える日が一年を通じて数えるほどしかないそうで、はっきり山容を望むことができるのは極

タブレット交換を演出

めてラッキーなことだという。この日はかろうじて山頂付近だけがわずかに顔をのぞかせていた。

羽後本荘駅を出て約20分で、この路線のほぼ中間地点に当たる［前郷駅《まえごう》］に到着した。上り列車との行き違いが行われ、今どき珍しいタブレットの交換がある。全国でも残りわずかな貴重な鉄道シーンだが、何とその様子を撮影させてくれるのだ。ホームに降りると、運転士さんと駅員さんが、ストップモーションのように動きを止めて、撮影が終わるまで待っていてくれた。何とも嬉しいサービスである。

運転を再開すると、列車は田園地帯をさら

まつこおばあちゃん

にのんびりと進んでいく。小さなトタン張りの小屋のような駅舎のある「久保田駅」、田圃の真中にぽつんと立っているような「吉沢駅」。どれをとっても印象的な駅ばかりだ。「川辺駅」を発車しようと動き出したら、列車は急停車した。何かあったのかと思って外を見ると、一人のおばあちゃんが息を切らしながら駅に近づいてくる。運転士さんが立ちあがってわざわざドアに向い、アテンダントさんと二人で助けるように「慌てることはないからね」と話しかけながら車内へ誘導していた。都会ではありえない優しさ。心温まる情景だった。

次はいよいよ終点の矢島だが、途中にこの

路線唯一のトンネルがある。この日はふつうに通り抜けていたけれど、クリスマスのイベント列車では、トンネル内ではサプライズが待っているとのことだ。

そして、終点の「矢島駅」。町の施設が併設されたかなり大きな木造駅舎で、建て替えられて何年も経っていないためか、まだ新しい。風格ある外観のため、東北の駅百選にも選ばれている。駅舎内には売店があり、その名物おばあちゃんの名前に因んで「まつこの部屋」という。帰りの列車までの待ち時間にお話ししてみたけれど、実に楽しい人だった。

羽後本荘へ戻る列車が発車しようとしていたら、売店からまつこさんが小走りにやってきた。「ありがとう、また来てね」と手書きされた旗を持ち、列車が動き出すとそれを大きく振って見送ってくれた。列車の最後尾から手を振ったら、まつこさんは、いつまでも旗を振っていた。わずか2〜3時間の滞在だったけれど、いくつも心温まる思い出をつくってくれたので、また来たいと思った。今度は、ゆっくり矢島町を散策したり、途中下車しながら木のおもちゃ美術館をはじめ沿線をめぐりたいものだ。

（2016年11月30日乗車）

30

湘南モノレール
【大船駅⬇湘南江ノ島駅】（神奈川）

風光明媚な湘南をめぐる小さな旅

２０１８年９月13日、湘南モノレールはドイツにある世界最古の懸垂式モノレール鉄道であるヴッパータール空中鉄道（Wuppertaler Schwebebahn）と姉妹提携を結んだ。それを記念した車両が走り始めたということで、本当に久しぶりに湘南モノレールの大船駅を

姉妹鉄道締結記念ボード

訪れた。

終点の湘南江の島駅まで往復するだけでモトが取れる1日乗車券を購入して改札口を通ると、目の前に姉妹提携記念のボードが誇らしげに置かれていた。英語表記の他にドイツ語と日本語の表記、それに両鉄道の写真やイラスト、日独の国旗も描かれている。ドイツにはひと頃、10数回訪問しているので懐かしい気分になった。

ヴッパータールはケルンやデュッセルドルフから近く、高速列車ICEや特急列車インターシティの一部列車も停車するので、通ったことがあり、モノレールの軌道を車内から目にしたことはあるのだけれど、車両自体を見かけたことはなかった。それよりも、今はヴッパータール市内の一地区になっているエルバーフェルトは、私の好きな指揮者であるハンス・クナッパーツブッシュ、ギュンター・ヴァント、それにNHK交響楽団でひと頃タクトを振っていたホルスト・シュタインの3人の故郷ということで馴染みのある町である。

ともあれ、やってきた車両に乗りこんで出発。路線バスが行き交う道路の上を左右に曲がりながら意外に速いスピードで進んでいく。車体の下が固定されていないので、左右に揺れるのが不思議な感覚である。慣れないと不安な感じがしないでもないけれど、乗っているとすぐに慣れて病みつきになりそうな乗り心地だ。

JR横須賀線や使われていない工場への線路を高いところから眺めていると最初の停車駅である「富士見町」に到着。そういえば湘南モノレールは単線で、ここで早くも最初の列車交換駅（行き違いのできる駅）となる。全部で4つの交換駅があるので、単線にもかかわらず列車本数は多い。昼間でも7分半毎に列車が走っているのは便利だ。付近を走る横須賀線や江ノ電よりも使い勝手がよい。

三菱電機前と駅名の脇に補足されている「湘南町屋駅」を出ると、モノレールはぐんぐ

姉妹鉄道締結記念車両

ん高度を上げ、一転して急降下。まるでジェットコースターのようだ。次の［湘南深沢駅」は無人駅で、ＳｕｉｃａなどのＩＣカードを利用した場合は、専用の機器にタッチして階段を降りていけばよいが、きっぷの場合は自動改札機がないので、ホームに降りた車掌が回収していた。都市近郊路線としては、ちょっとレトロな光景である。ホームの右側は広大な草茫々の空き地となっている。国鉄大船工場の跡地だが、いまだ再開発が進んでいないようだ。

湘南深沢駅を出ると、右に側線が枝分かれしている。お店の屋根上をかすめていくのが興味深い。モノレールの車両基地へと続いているのだ。

再び勾配をぐんぐん上り、次第に山深くなってトンネルに入る。線路はなく、架線の代わりに車両がぶら下がる軌道がトンネルの屋根近くにあるのが面白い。結構長いトンネルである。山間部を抜けると、谷あいに道路や住宅地が広がる。丘陵の上の高級住宅街が目に入ると「西鎌倉駅」に到着する。このあたりは「裏鎌倉」と呼ばれて密かに人気を集めている。知る人ぞ知る穴場スポットが点在しているのだ。

西鎌倉駅からは再び上り勾配である。道路のはるか上を走り、「片瀬山駅」に停車した後は、高台になっているせいか地表すれすれのところを走っていく。まるで離陸する飛行機のように高度を上げ、道路のかなり上を走るようになると「目白山下駅」に着く。駅到着前には、左手かなたに湘南の海らしきものが陽光に輝いて見える。海であることを確認するために降りてホームから眺めると確かに海だ。

次の列車まで7分程ホームにとどまっていると、人はいなくなり、山間部にあるローカル色たっぷりの駅の雰囲気を体感できた。最後の列車交換駅で、先にぽっかりと口を開けて待ちかまえているトンネルから大船駅行きのモノレールが到着すると、ほぼ同時に湘南

湘南江の島駅に到着するモノレール

江の島行きがやってくる。乗りこむとすぐにトンネルへ。車両の下に線路が敷かれていないので、試乗会で体験したリニアモーターカーみたいにも思える。といってもそれほどスピードを出さないのでリニアとは全く異なる雰囲気でのんびりしている。

トンネルを抜け、目もくらむような渓谷をひとまたぎするのも一瞬のこと。あっけなく終点［湘南江の島駅］のホームに滑り込んでいく。大船駅から通しで乗れば14分のミニトリップであった。ホームは随分高いところにあり、エレベータだと5階から1階まで降りることになる。駅舎は工事中だった。完成するとどんな駅になるのか楽しみだ。（201

8年12月に完成）

目の前の通りを渡ると、江ノ電の踏切がある。すぐ脇は江ノ島駅で鎌倉行きと藤沢行きの電車がすれ違っていた。

踏切を渡って両側にお店が続く通りをまっすぐに進むと目の前に江の島が現われた。天気が良く、江ノ電や小田急の片瀬江ノ島駅からもやってきた行楽客が合流し、平日とはいえ大いに賑わっていた。

江ノ電や小田急にも乗りたかったけれど、1日乗車券を買っていたので、帰路もモノレールの客となった。意外に空いていたので、江の島往復は混雑必至の江ノ電よりもモノレール乗車がのんびりでき楽しめるのではと思う。

（2018年9月19日乗車）

31

上田電鉄

【上田駅➡別所温泉駅】（長野）

別所温泉へ、上田電鉄の旅

「大人の休日倶楽部パス」が1日分余っていたので、北陸新幹線で上田まで往復し、別所温泉へ行ってみることにした。［上田駅］からは久しぶりに上田電鉄に乗る。別所温泉駅近くに日帰り温泉の施設があり、入浴料と往復乗車券をセットにした「あいそめ湯っ

千曲川を渡る上田電鉄

たりきっぷ」という割引乗車券を売っていたので、それを買って電車に乗り込んだ。

車両は元東急電鉄のものだが、赤、黒、金と結構派手ないでたちに塗り替えられ、六文銭のロゴまで描かれている。地元ゆかりの真田一族をモチーフとした「さなだどりーむ号」という電車だそうだ。停車時間の間、人が乗るとき以外はドアが閉まった状態なので車内は暖かい。コートを脱いでシートに腰かけた。

午後の早い時間のせいか、車内は半分ほどの混み方。ぎっしりと座っていないので、ゆったりできる。まもなく発車したので、ロングシートを斜めに座って車窓を眺める。電

上田電鉄の終点別所温泉駅

車はのんびりと千曲川を渡って西に向かう。市街地を抜け、住宅の間をゆっくりと走り、途中で南に向きを変えながら、こまめに停車して行く。少しずつ乗客は減り、［大学前駅］で学生らしき若者が数人降りていくと車内はすっかり淋しくなってしまった。

小さな車庫のある［下之郷駅］を出て大きく右にカーブすると、家並が途切れ、広々とした田園地帯を走る。古刹が点在しているため「信州の鎌倉」と呼ばれる塩田平《しおだだいら》で、左右ともに離れた所には山並みが聳えている。とくに南側に当たる左手にはごつごつした特異な形状の独鈷山《とっこさん》が目立つ。古びた駅舎が残る［中塩田駅］を過ぎ、さらに進むと次第に両

現役車両と保存車両（別所温泉駅）

側の山並みが迫ってくる。最後の「八木沢駅」には、アニメのキャラクターと思われる女性のイラストが描かれた駅名標が立っていた。八木沢まいというらしいが詳しいことは知らない。

その八木沢駅を出ると、電車は急勾配をぐんぐん上っていく。さすが最近の車両だけあって、苦もなく進み、駆け上がったところが終点の「別所温泉駅」だった。

数年振りに訪れた別所温泉駅は、相変わらず和服姿の女性が出迎えてくれた。地元の観光協会の人が観光駅長として働いているのだ。趣のある駅舎は、以前来た時よりもきれいになったようである。駅を後にして「あいそめ

丸窓から眺めた沿線の風景

の湯」に向かって歩いて行くと、左手に駐車場があり、その先にかつて走っていた名物の「丸窓電車」が保存されていた。いつのまにか金網の柵が出来ていて写真が取りにくくなったのは残念である。来訪記念に撮影していたら、折返しの上田行き電車が脇を通り過ぎていった。

駐車場の斜め向かいにある「あいそめの湯」でのんびり過ごしたあと駅に戻って帰りの電車に乗った。今度は「まるまどりーむ号」という車両で、先ほど駅のはずれの駐車場脇に保存されていた「丸窓電車」と同じ青とクリーム色に塗り分けられている。これも元東急の電車で、ドア脇の窓が丸窓に改造されているのが御愛嬌だ。車内は木目調の落ち着いた雰囲気に改装されていて、座席は東急時代のロングシートのままだが、観光列車のテイストを加えている。大がかりな改造は予算面などの制約もあるのでできないのだろうが、好感の持てるリニューアルだと思う。

他にはシニアと思われる女性がひとり乗っていただけだったので、通路の向かい側の丸窓を通して車窓を撮影してみた。特異な形状の独鈷山を、丸窓を通して見たかったのだが、そちらは西日で眩しいので上手く撮影できそうにない。というわけで、北側の山並みを丸窓越しに眺めることにした。見事な車窓を独り占めしたような気分で大いに満足である。

往路よりも遥かに空いていた車内も、大学前からは下校時の学生が大勢乗ってきて混雑してきた。もはや車窓は楽しめない状況になったが、それまで充分楽しんだし、市街地に入ってしまったのであきらめはつく。

上田駅ではお土産を何種類か売っていたので、「まるまどりーむ号」と「さなだどりーむ号」のイラスト入りのカップ酒セット「どりーむカップ号」を購入した。帰宅すると酒豪の妻は大喜びだった。

（2018年1月29日乗車）

32

大井川鐵道井川線
【千頭駅⬇閑蔵駅】（静岡）

大井川上流の秘境を行くミニ列車の旅

ＳＬ列車で有名な大井川鐵道。その本線の終点である千頭《せんず》駅からさらに奥地へ延びる路線がある。大井川鐵道井川線、愛称は「南アルプスあぷとライン」と言い、大井川上流の渓谷に沿ってミニ列車がのんびり走っている。秘境とも言える人家のほとんど見当たら

閑蔵駅に停車中の列車（井川線）

ない山間部を縫って走るこの路線は、水力発電所建設の資材運搬用トロッコを走らせるために造られたもので、のちに旅客列車を走らせるようになった経緯がある。山あいを縫うように急カーブが連続し、トンネル断面も小さい。そのため小型の車両を使っていて、車体の幅も狭く、天井も低い。ほかの鉄道とはひと味異なるユニークな鉄道なので、一度、乗車体験するのも楽しいであろう。

井川線を走る列車の特色

起点の［千頭駅］で、金谷や新金谷からの汽車や電車を降りると、先頭に向かってホームを歩き、左手に進んで井川線《いかわ》のホームに向かう。ミニ列車にはトイレがなく、終点までは1時間ほどかかるので、トイレを済ませておいた方が賢明であろう。

ミニ列車は赤い客車数両にディーゼル機関車が連結されている。機関車は千頭寄りにつながっているので井川方面へ向かう時は最後尾になり、列車を押していく。千頭へ戻る時はディーゼル機関車が先頭に立ち列車を牽引する形で走る。ドアから客車内に入ると、かなりの段差があるので、つまずかないように気をつけよう。一昔前のバスや路面電車のような出入口でバリアフリーではない。天井が低く幅の狭い車内は通路をはさんで一人掛けと二人掛けの座席が向かい合うように並んでいる。

客車の端は4人ほどが横に並んで座れるシートで、バスの最後部のような席だ。つまり、連結部の通路がないので、隣の車両には車内から移動できない仕組みとなっている。車両を移動するときには、面倒でもいったん列車から降りなければならない。車内で待ち合わせをするときには、このことを知らないとすぐには落ち会えないことになる。

2018年末に乗った時、井川線の末端区間である閑蔵《かんぞう》~井川間は、2018年5月の大雨で発生した土砂崩れのため不通になっていた。列車は閑蔵で折り返し運転中だった。

また、列車本数が1日5往復と少ないので、あらかじめ列車ダイヤをじっくり調べて乗車し、途中下車をするなら、その後の列車ダイヤを検討してからにしたほうが賢明であろう。

窓を大きく開けられる開放的な車両

定時に千頭を発車。駅付近の市街地を抜け、大井川を右に見ながら進み、車両基地のある［川根両国駅］を出ると、いよいよ大井川上流の渓谷に沿って走る。急カーブが多く、列車は車輪を軋ませながらゆっくりと進む。窓を大きく開けることができるので、冬場を除くと爽やかな空気に触れることができて気持ちが良い。絶景が続くので、写真を撮りたくなるけれど、あまり身を乗り出すのは危険である。電柱やトンネルの側壁に触れなくても、木の枝に触ったりして思わぬ怪我をすることもあるので充分気をつけたい。沿線の見どころを的確に案内してくれる車内放送が流れるので、注意深く聴いておこう。

［土本《どもと》駅］は秘境駅のひとつと言われるけれど、意外にも駅周辺に民家があり、ちょっとがっかりだ。むしろ次の［川根小山駅］の方が何もなくて秘境感が横溢している。この駅で千頭行きの列車とすれ違う。井川線の雰囲気を少しだけ味わって帰路に着くなら、ここ

アプト区間は電気機関車連結

で上り列車に乗り換えるとよい。ただし、列車の死角に入り上り列車の車掌さんに見えないようなので、降りたら車掌さんにその旨を伝えないと、どちらの列車からも取り残されることがあるので要注意だ。車掌さんは駅に到着する毎に、ホームで周囲を見渡して安全確認をして列車を発車させる。ドアの開閉は手動なので、その点にも注意を払っている。何もかもがアナログ方式なのは意外に新鮮である。

国内唯一のアプト式鉄道

次の［奥泉駅］は、寸又峡《すまたきょう》温泉への乗換駅。美女づくりの湯で知られる秘湯へはバスで30

分程だ。時間があれば、1泊したい。散策コースもあり、「夢の吊り橋」が有名である。

寸又峡温泉で過したあと次の観光スポットに向かうツアー客がここで大挙乗りこんできて、小さな列車はぎっしり満員となった。沿線は過疎地だが、井川線は観光列車として大繁盛のようだ。

トンネルを抜けると、「アプトいちしろ駅」。ここから次の「長島ダム駅」までの一駅間は、90パーミル（1000m進む間に90m上る）という日本の鉄道で一番勾配がきつい区間で通常の車両では坂を登ることができない。そこで、2本のレールの間に歯形のレールを敷き（ラックレールという）、それを機関車の下に取り付けた歯車で噛み合わせて滑らないように上り降りする仕組みとしている。スイスやオーストリアに多い歯車式鉄道の一種でアプト式というものだ。

井川線は、もともと架線の張られていない非電化区間でディーゼル列車が運行されてきたのだが、長島ダムが完成して一部の区間が水没することになり、ルート変更を迫られた。それで、1990年に急勾配の新しい区間に切り替えることになったのだが、あまりの急勾配のため、この区間だけ電化して、アプト式電気機関車2両で後押しすることにしたの

究極の秘境駅尾盛

である。かつて碓氷峠を走っていた信越本線の横川〜軽井沢のアプト式区間が1963年に廃止されて以来のアプト式復活で日本唯一のもの。珍しさもあり、立派な観光資源となっている。

機関車を連結する作業のため列車は4分停車。連結作業を見学するもよし、ホーム脇にトイレがあるので用を足すもよし、観光シーズンには売店もでき、一息つくためにホームに降りる人で一時の賑わいを見せる。もっとも、ここで途中下車しても周囲には何もないので、停車中の下車に留めておいた方が無難だ。

専用の電気機関車2両とディーゼル機関車

の全部で3両の機関車に押されながら列車は急勾配を上っていく。巨大な長島ダムを眺めているうちに長島ダム駅に到着。ここで電気機関車は切り離され、元のようにディーゼル機関車に押されて出発する。

観光名所奥大井湖上駅、接岨峡温泉駅、そして究極の秘境駅

トンネルを抜けると、右手にはダムで堰きとめられてできた接岨湖《せっそこ》が見える。[ひらんだ駅]を過ぎ、湖と化した大井川を渡ると[奥大井湖上駅]に到着だ。駅の両側は鉄橋でレインボーブリッジという。東京の真似かと思ったら、こちらの方が古いそうである。奥大井湖上駅ではツアー客が全員降りていった。展望台や幸せを呼ぶ鐘Ｈａｐｐｙ Ｈａｐｐｙ Ｂｅｌｌがあり、ホームは大いに賑わっていた。湖上の展望を楽しんだ後、接阻峡温泉まで歩くか、途中で迎えのバスに乗って周遊するのである。

かなり空席が目立つようになった列車は、次の[接岨峡温泉駅]でもかなりの人が下車し、すっかり寂しくなった。周囲は山間部の秘境的雰囲気が濃厚で、次の[尾盛《おもり》駅]は、秘境駅ランキングの2位にランクインする究極の秘境駅だ。かつてはダム建設関係者の集

落があったが、廃屋と化し利用者は皆無である。クマが出没したという情報もあるので、興味本位で下車するのはやめた方がよいとのこと。車内からでも、すさまじい秘境ぶりが伝わってくる。

誰も降りなくても車掌さんはホームに降り、安全確認をして列車を発車させる。この先では渓谷から71mの高さという目もくらむような関の沢鉄橋を恐る恐る渡る。誰もがこわごわ窓を開けて谷底に見入っている。なかなかにスリリングだ。

とりあえずの終点閑蔵駅も秘境駅

千頭を出ておよそ1時間半。当面の終点である［閑蔵駅］に到着である。ホームの脇は鬱蒼とした木立という、ここもまた秘境駅と言われても納得の駅だ。鉄道関係者の小さな詰所、トイレ以外は何もない。数十メートル歩くとバス停に出て、その前には一軒だけ食堂があった。ただし、11月以外は週末のみ営業で、冬はお休みとのこと。列車から降り立った人の多くはバスで千頭へ戻って行った。バスなら千頭まで30分。道路状況は画期的に良くなったのである。食堂でおでんを食べて温まり、40分程待って折返し千頭行きの列車に乗り込んだ。次の列車が到着し、慌ただしく折り返す観光客をかなり乗せ、再び1時間半かけて千頭へ戻った。しかし、見どころが多いので飽きることがなく、あっという間の楽しい列車の旅だった。

金谷から大井川本線、千頭から閑蔵まで往復するなら、大井川周遊きっぷ（2日間有効で４４００円）が便利だ。帰路は閑蔵から千頭までバスにも乗れるし、寸又峡温泉へのバスにも使える。単純に金谷～千頭～閑蔵を往復すると５７６０円なので、それだけでもかなりオトクだ。なお、新金谷～千頭間でＳＬ列車に乗る場合は、別途ＳＬ急行料金８００円（片道）が必要となる。

不通となっていた閑蔵～井川間は、２０１9年3月に復旧した。井川へはかなり前に行ったきりなので、再訪したいものである。

（２０１８年11月15日乗車）

大井川鐵道井川線の公式サイト　http://oigawa-railway.co.jp/abt

33

静岡鉄道

【新静岡駅➡新清水駅】(静岡)

「ちびまる子ちゃん」と新型電車

静岡鉄道は、新静岡と新清水を結ぶ便利な鉄道である。ラッピング車両も多く、原作者の地元ということで、アニメ「ちびまる子ちゃん」ラッピング電車も走っている。さらに、最近、カラフルな新型電車が少しずつ増えているという。それで、静岡鉄道のさまざ

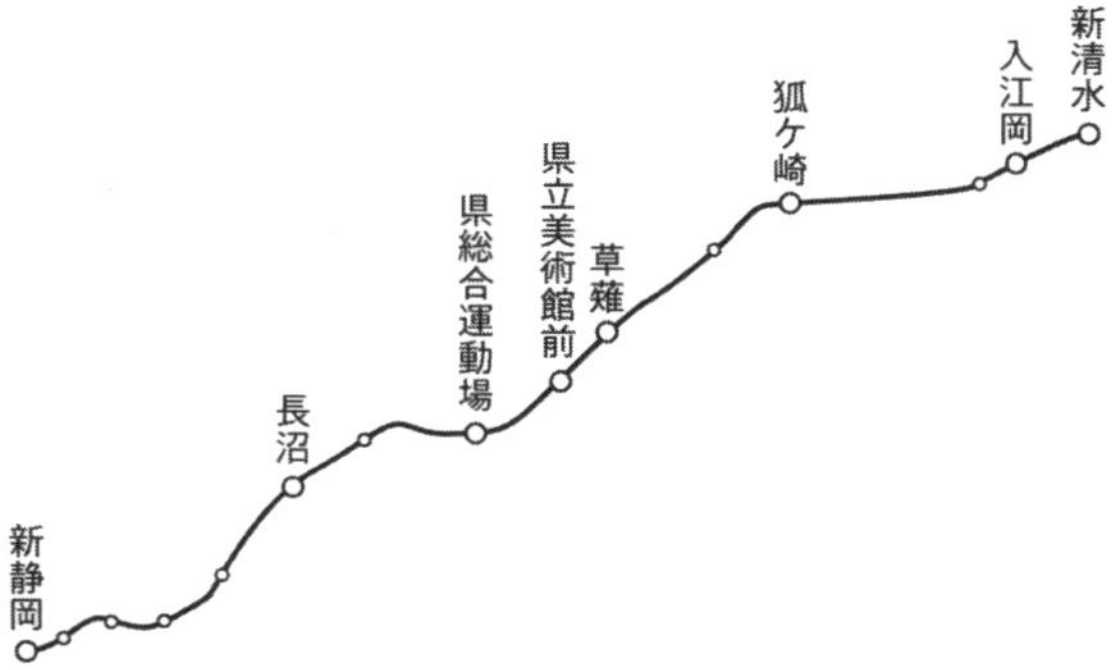

ちびまるこ電車

まな電車に乗りに行くことにした。

ＪＲ［静岡駅］からゆっくり歩くと10分程のところに静岡鉄道のターミナル［新静岡駅］がある。ここから、新清水駅まで各駅停車で20分ほど。急行は朝しか走っていないので、乗る電車を選ぶ必要はない。昼間は、６〜７分毎に電車が発車しているので、便利この上ない。さすがに首都圏や関西圏とは人口の規模が異なるので、２両編成とコンパクトである。

２０１６年あたりから、新型車両が導入され、目下、６編成。しかし、新静岡駅から乗ったのは、旧型車両だった。新静岡駅を出ると、すぐに賑やかなラッピングを施した車両とすれ違う。あれが、噂の「ちびまる子ちゃん」電車かな？　たぶん、新静岡駅で折り返すと、次の新清水行きの下り電車が「ちびまる子ちゃん」電車になりそうだ。特に急ぐわけではないので、確かめるべく、降りてみることに。どうせなら、待ち時間の退屈しのぎになるようにと、車両基地のある「長沼駅」で降りてみた。新静岡駅から6分程のところである。

バラエティに富んだラッピング車両が待機しているのを長沼駅のホームで眺めていると、新静岡駅から電車がやってきた。予想通り「ちびまる子ちゃん」電車だ。ピンク系の濃淡に塗りわけ、車体には、ちびまる子ちゃんやアニメに登場するクラスメートが賑やかに描かれている。車内に入ると、ドアの内側にもまる子ちゃんたちのイラストが富士山や駿河湾など、このあたりの風景とともに描かれているのみならず、吊り輪にもまる子たちのイラストを見つけることができ楽しい。

空いている席に座り、電車が動き出すと、「次は、古庄《ふるしょう》です」と車内アナウンスが流れたが、何とちびまる子ちゃんの声だった。駅名を連呼するだけではなく、ドアに注意とか、忘れ物をしないようにとの注意事項も話されるのだが、のんびりした声で、癒されると同

静岡鉄道新型車両

時に、脱力してしまうようなとぼけたしゃべり方に笑ってしまう。空いている昼間だからいいものの、ラッシュ時の混んだ車内で急いでいる人だったら、かえって不機嫌になるかもしれない。と思って、静岡鉄道のホームページを見ると、まる子ちゃんアナウンスは、10時から16時頃までだそうだ。やはり、そうなるのだろう。ともあれ、ちびまる子ちゃん電車に乗ることができたのは幸いだった。

東海道本線を跨ぎ、「県総合運動場駅」「県立美術館前駅」と続く。楽しい電車なので、途中下車は後回しにして先を目指す。「草薙駅」に停まり、「狐ケ崎《きつねがさき》駅」を出ると、東海道本線と並走する。どちらも複線なので、複々線となった広々としたところを快走する。

［入江岡駅］を出ると、東海道本線と分かれ、巴川の鉄橋を減速しつつ渡ると、もう終点の［新清水駅］だった。新清水駅直前の鉄橋は、駅から歩いて2～3分のところだった。写真が撮りやすい場所だったので、しばし電車の撮影をしていると、青い色の新型車両がやってきた。これに乗らねばと、急いで駅へ引き返す。

かくして、初めて新型車両に乗ることができた。ロングシートの典型的な通勤型電車だが、窓の上にデジタルサイネージの案内や広告があり、首都圏の電車と比べても全く遜色がない。2両という短い編成が地方都市の電車であることを物語っているが、快適な乗り心地である。ずっと乗り続けて新静岡へ戻っても能がないので、さきほど気になった［県立美術館前］駅で降りてみた。美術館前というだけあって、ホームには、ロダンの「考える人」の像の小さなレプリカが置いてある。駅自体も、大きな建物の中にすっぽりと収まっている感じで、珍しい造りだ。

県立美術館には行ったことがなかったので、訪問することにした。「美術館前」と言っているものの、美術館は駅前ではなく、ゆるやかな坂道を歩いて、10分、いやそれ以上かかった。もっとも途中からはプロムナードになっていて、散策にはもってこいだったので遠くても苦にならなかった。美術館内の静かなレストランで遅いランチを食べてから、駅のホームにもあったロダンの彫刻を観賞した。「考える人」のほか、ロダンの様々な彫刻をコレクションした「ロダン館」があり、午後のゆるやかに流れる時間に身を任せることができた。

県立美術館前駅

新静岡へ戻る電車は、赤い色の新型車両だった。パッションレッドと言うそうで、クリアブルーに続く第2弾。赤は、静岡の久能山で採れるイチゴをイメージしているそうだ。

今後も、少しずつカラフルな新型車両が増えていくようで、静岡鉄道創立100周年を迎える2019年には7色の電車が揃うとのこと。色とりどりの電車が揃ったら、また乗りに来ようと思う。

（2017年9月20日乗車）

34

長良川鉄道

【美濃太田駅➡北濃駅】（岐阜）

川沿いの絶景路線、長良川鉄道の旅

岐阜県の郡上八幡への視察旅行に参加することとなった。本隊は東海道新幹線の岐阜羽島駅から貸切バスで向かうのだが、線路がある限りは列車に乗りたいので、希望者5人で長良川鉄道を利用することになった。幸い観光列車「ながら」を手配できたので、喜び

観光列車ながら

勇んで始発駅の［美濃太田］より乗車した。

列車は2両編成。ＪＲ九州の観光列車や新幹線でお馴染の水戸岡鋭治氏のデザインである。窓を向いた座席、木を多用したテーブル席、ソファー、のれん、と水戸岡デザイン車両に乗り慣れているので、お馴染の「水戸岡ワールド」満載の車内だ。ランチは郡上八幡市内で旅の一行と食べる予定があったので、レストラン車両ではなく、先頭車の「ビュープラン」と呼ばれる座席のみの予約だった。予約と言っても座席指定ではなく、席数分しか切符を発売しない整理券なので、早い者順に好きな席が選べる。というわけで、窓を向いた席を確保した。美濃太田駅を発車する時点では、車内は数人のみと空いていたが、20分ほどで到着する［関駅］では団体客が大挙乗りこんできて、車内は瞬く間に満席となった。それまでに、車内の様子や乗車記念撮影を済ませておいてよかった。

その次の［美濃市駅］を出てしばらくすると、左手に長良川が姿を現した。これより終点北濃《ほくのう》駅まで、線路は長良川に寄り添うように続く。進行方向左手の窓を向いた席に座っていたのは大正解だった、と思いきや、列車は何回も長良川を渡る。その都度、長良川は車窓左手に右手にと位置を変えることになり、左右どちらが良いとも言い切れないようだ。

席を離れ、運転台の横に陣取ってみる。立ったままながら前面展望が見渡せる特等席である。線路際には赤い彼岸花が咲き誇り、まだ暑いながらも秋が到来したことを実感する。車窓に関しては、乗車している女性アテンダントさんが、要所要所で案内をしてくれるので大いに助かる。

列車は、美濃市駅を出ると、郡上八幡駅までの約1時間、時刻表上ではノンストップとなっている。ところが、およそ20分後、［大矢駅］で臨時停車した。長良川鉄道のディーゼルカーには全車両トイレがないので、トイレ休憩のためだという。時刻表に載っていな

ながら車内

いのは、大矢駅での乗降をさせないためなのだろうか。ちょっとミステリアスで、推理小説のネタにもなりそうだ。ホームには改装されてきれいになったトイレがあり、多くの乗客が利用する。この駅では10分以上停車するので、反対側のホームに行って、「ながら」の写真を撮ったり、レストラン車両の見学、運転台の見学も可能となり、皆のんびり過ごしている。その間に上り列車がやってきて、あちらはすぐに美濃太田へ向けて発車していった。

休憩が終わって大矢駅を出ると、左側に見えていた長良川が、一旦右手に移るものの、またすぐに左手に戻る。そのまま［深戸《ふかど》駅］

を通過してしばらくすると、列車は駅でもないところで停車した。線路際には、「景勝地」の立札がある。窓の真下は長良川。アテンダントさんが、「窓を開けて爽やかな空気を感じ、長良川のせせらぎを聞いてみてください」とアナウンスしながら、車内を回って窓を開けるのを手伝ってくれる。川の中で鮎を釣っている人がいたので、みんなで手を振って挨拶をしてみた。まもなく列車は運転を再開。その後、2回長良川を渡り、この路線で一番短いという小さなトンネルを抜けると、「郡上八幡駅」に到着した。

翌日、視察旅行が終わって、ひるがの高原から、地元の「長良川鉄道を、賑やかに、面白くする会」(http://nagaragawa.rdy.jp/)の会長さんのクルマで、長良川鉄道の終点「北濃駅」を訪れた。郡上八幡駅と同じような風格ある木造駅舎が立っている。線路は、終着駅にもかかわらず、ホームから少しだけ先へ延びているけれど、もう使っていないようで雑草に埋もれている。かつては、蒸気機関車が客車を切り離して先まで進み、バックしてホーム脇の転車台で向きを変えていたようだ。その転車台は、手入れが行き届き保存されている。アメリカ製の歴史的建造物で、登録有形文化財とのこと。始発駅の美濃太田駅にも転車台があるので、長良川鉄道にSL列車が走れば楽しいだろうなと思う。実際、沿線

終点北濃に到着する列車

の小学校に保存してあるC58形蒸気機関車を走らせたいと夢想するグループがあるようで、同じことを考える人たちはいるものだ。

1時間近く待つと、たった1両のディーゼルカーがとことこと到着した。女子高校生が一人降りただけで、代わって折返しの列車に乗り込んだのは私だけだった。時間帯のせいかな、とも思うが、この鉄道の先行きが心配になる寂しさだ。もっとも、3つ先の「美《み》濃《の》白鳥《しろとり》駅」からは高校生が10人ほど乗ってきて賑やかになったので、ひと安心だった。

小雨に煙る谷あいを、列車は長良川に沿って走る。周囲がやや賑やかになって郡上八幡に到着。これで長良川鉄道の完乗を達成、ここでは降りないでさらに南下し、みなみ子宝温泉駅で途中下車し、先ほどの会長さんたちと少しだけ懇談したあと、帰路に就いた。

（2016年10月2日&3日乗車）

取材協力=長良川鉄道を、賑やかに、面白くする会　http://nagaragawa.rdy.jp/

35

樽見鉄道

【大垣駅➡樽見駅】（岐阜）

岐阜県内のもうひとつの絶景路線

ＪＲ東海道本線の大垣（岐阜県）から北へ延びる第３セクターの樽見鉄道に乗ってみた。単行（１両だけ）のディーゼルカー（樽見鉄道では「このレールバスは、……」と案内放送していた）は、しばらく名古屋方面へ向かう東海道本線と並走したのち、東大垣駅付近で分かれ、揖斐川《いびがわ》を渡って進路を北に定める。

乗ったのが11月初旬だったので、線路の両側の畑には柿がたわわに実っていた。レールバスは、ことんことんとリズムを刻みながら、広々とした田園地帯を快走する。

「十九条《じゅうくじょう》」「北方真桑《きたがたまくわ》」といった個性的な駅名が続き、その次に「モレラ岐阜」という意

樽見鉄道のレールバス

味不明な名前の駅に停車した。よく見ると、ホームから少し離れたところに同名のかなり大きなショッピングモールがある。買い物客の便宜を図って10年ほど前の商業施設オープンと同時に新設されたものだ。買い物袋を持った女性が何人か乗ってきた。

大垣から30分程で「本巣《もとす》」に到着。樽見鉄道のほぼ中間にある駅で、車両基地と鉄道の本社もある要となる駅である。途中下車して、車両基地見学と運転体験ツアーに参加したのだが、詳細は本稿では省略する。

本巣駅の近くにはセメント工場があり、かつてはセメントを出荷する貨物列車が運転され、樽見鉄道の経営を支えていた。しかし、

2006年に貨物列車が廃止となり、広大な本巣駅構内も寂しくなり、その後は地元客、観光客の輸送に頼っている。当時は、貨物列車用のディーゼル機関車が牽引する通学用の客車列車も走っていて、バラエティに富んだ鉄道路線だった。その頃に訪問できなかったのは、返す返すも残念である。

[織部《おりべ》]を過ぎると、線路の両側には山が迫ってくる。揖斐川水系の根尾川が寄り添い、レールバスは渓谷に沿って走る。紅葉、黄葉も見事で絶景が続く。何度も根尾川を渡り、渓谷は右、左と目まぐるしく移り変わる。

[谷汲口《たにぐみぐち》]は、谷汲山華厳寺の最寄り駅で参拝客はバスに乗り換えて訪れる。名鉄谷汲線亡きあと、鉄道を使うとしたら樽見鉄道利用しか選択肢はない。ホームの傍には、かつて使われた茶塗りの旧型客車が1両保存されていた。

[神海《こうみ》]は、国鉄樽見線時代の終着駅だった(旧駅名は美濃神海)。樽見鉄道となってから、現在の終点樽見まで延伸されたのである。開業が1989年と比較的新しいので、延伸区間の線路状態はよく、カーブも緩やかでスピードも心なしか上がったようだ。その代わりトンネルも多くなる。

樽見鉄道。車窓

樽見の一つ手前の［水鳥《みどり》］は、1891年の濃尾地震で生じた根尾谷断層が間近にある。駅から2分程の所には、地震断層観察館があり、帰りに立ち寄ったけれど、断層のずれを観察でき、一見の価値のある施設だ。高いところにある展望台からは、断層の観察のみならず、樽見鉄道のレールバスが走るのもよく見え、思わぬ撮影スポットだった。

水鳥を出て長いトンネルを抜けると終点の［樽見］だ。長いホームに、1両だけのレールバスが停車し、15分程で折り返して行った。日本三大桜の一つに数えられる薄墨桜が満開の頃は賑わうのであろうが、シーズンオフの午後遅い時間であったためか、駅周辺は閑散

終点樽見駅

としていた。曇り空であったため、山々に囲まれた周囲は、すぐに薄暗くなり肌寒い。まもなくやってきた、送迎バスでうすずみ温泉へと向かい、冷えたからだを温めた。

（2016年11月10日&11日乗車）

36

島原鉄道

【諫早駅➡島原外港駅】（長崎）

幸せの黄色い列車に乗って

長崎県の島原半島を有明海の海岸に沿って走るローカル私鉄の島原鉄道。路線の半分近くが廃止となってしまったけれど、諫早と島原外港の間は健在である。鮮やかな黄色に塗られ、アクセントとして可愛いイラストが描かれた小さな1両のディーゼルカーがのん

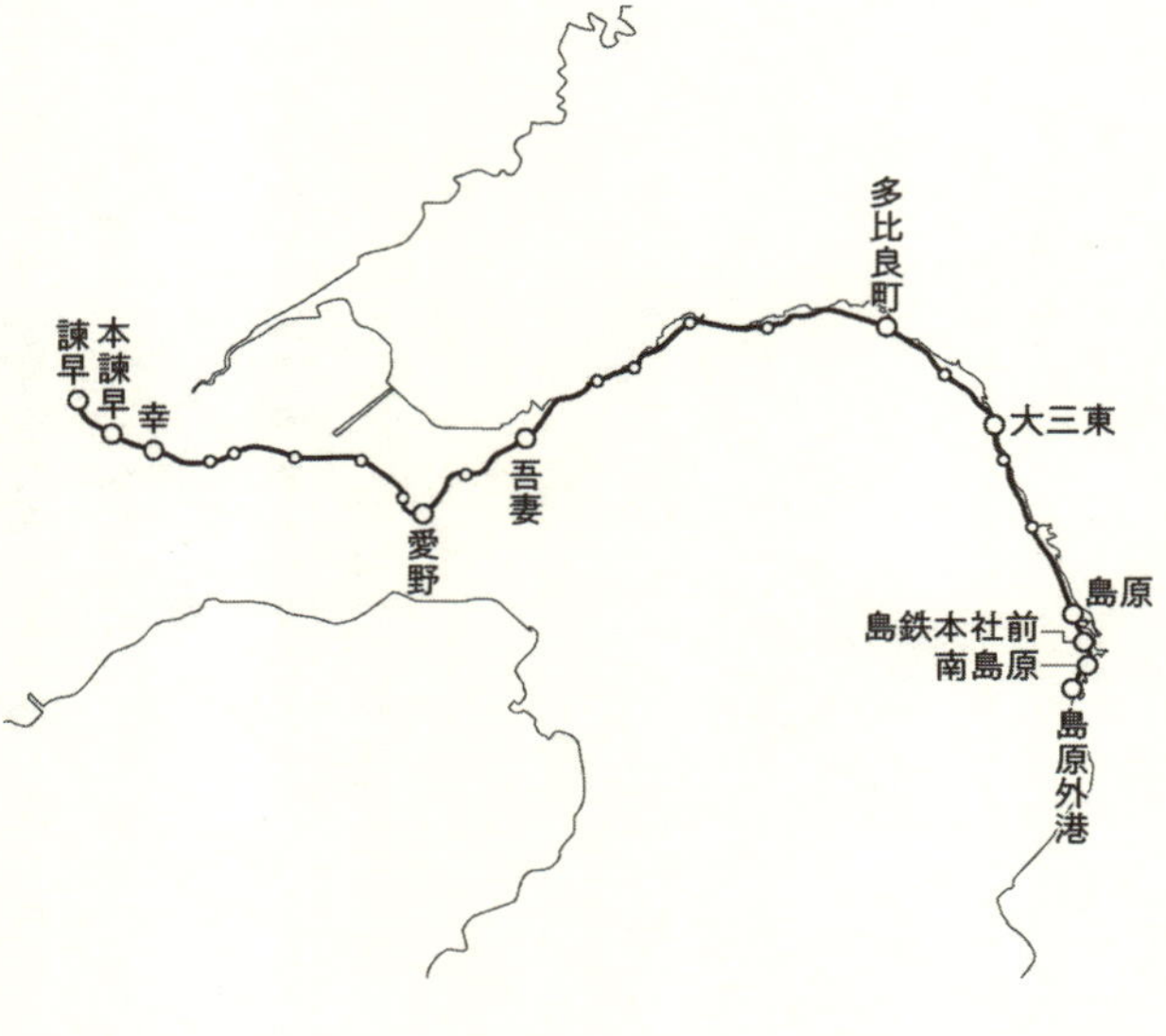

島原鉄道の黄色い列車

びり走る魅力的なローカル線を旅してみた。

旅の始まりは諫早駅

九州の鉄道の中心である［博多駅］から特急かもめで1時間半少々、［長崎駅］からは、同じ特急かもめを利用すると20分足らずで島原鉄道の起点［諫早駅］に到着する。改札口を出て、島原鉄道のりばという案内に従って進むと、JR諫早駅の隣に島原鉄道のホームがあった。すでに黄色いディーゼルカーが乗客を待っている。車体のトイレに相当する窓のない部分には、「おどみゃ島原の…」で始まる島原の子守唄をイメージした可愛らしい母子のイラストが描かれていて微笑ましい。

さっそく車内に入って、ボックス席の窓側に腰を下ろした。

窓からホームを眺めるとＳＬの大きなイラストが壁に描かれている。明治初期の古典的なＳＬで、「日本初の蒸気機関車が走った島原鉄道」とのこと。補足すると、日本最初の鉄道である新橋〜横浜間を走った記念すべき1号機関車が、後年、払い下げられて島原鉄道で働いていたのである。20年ほど島原鉄道に在籍したのち、保存のため鉄道省に戻され、今では、さいたま市にある鉄道博物館で展示されている。

由緒ある1号機関車も走ったであろう線路を黄色いディーゼルカーは走りだした。ＪＲ長崎本線と分かれ、諫早城址のある公園の下をトンネルでくぐると本諫早駅に到着する。近くに市役所がある本諫早駅は、諫早駅よりも諫早市の中心に近い。ここで早くも降りる人がいるけれど、乗ってくる人もいる。無人駅の多いローカル線には珍しく駅員さんに見送られて発車。「ようこそ、幸せの黄色い列車王国へ」の看板もあり、島原鉄道の旅は、ここから本格的に始まるのだ。

幸せを感じ、有明海と雲仙岳の車窓を楽しむ

次の「幸駅《さいわい》」は、おめでたい駅名に因んで黄色い駅名標が掲げられている。他の駅は青地に白抜きの駅名標なので異彩を放っている。

市街地を離れると、平坦な田園地帯の中をガタンゴトンと走っていく。「愛野駅《あいの》」「吾妻駅《あづま》」という駅があり、先ほどの幸駅と合わせ、「幸せを愛のわが妻へ」ともじった「幸せ記念乗車券」を発売しているとか。結婚式の引き出物、恋人への愛のメッセージなどにも使えると島原鉄道ではＰＲしている。

その吾妻駅を過ぎたあたりから、列車は左手に有明海を見ながら走る。有明海は干満の差が大きな遠浅の海で、潮が引いている時は、干潟が沖合まで広がり独特の海岸風景である。一方、右手を見ると近年噴火した雲仙岳が聳えていて、１９９１（平成３）年に多くの犠牲者が出た火砕流発生を思い出すと少々不安な気分になる。

列車は、海岸線ぎりぎりのところを走ったり、やや内陸部を走ったりを繰り返しては島原半島の北辺を時計回りに進み、次第に南下していく。

有明海対岸の熊本県にある長州港までのフェリーが発着する多比良港が近い「多比良町駅」のホームにはサッカーボールをあしらったモニュメントが立っている。この駅がある

大三東駅

国見町は、高校サッカーの強豪国見高校のお膝元で、その活躍を応援しようと町全体で盛り上げているようだ。

幸せ祈願スポットがある海の見える大三東駅

いったん内陸に入り、再び海岸に出る。今度は波打ち際すれすれのところを進む。次の「大三東駅《おおみさき》」はホームのすぐ下まで海となっている。地元の高校の放送部が交代で沿線の説明を録音して車内放送として流してくれるが、「日本一海に近い駅」とのこと。実際には、全国に海岸ぎりぎりのところにホームがある駅はいくつもあるので、正確に言うと「日本一海に近い駅のひとつ」であろう。

ホームの一角には黄色いハンカチが多数欄干に洗濯物のように吊るされている。「幸せの黄色いハンカチ」としてメッセージを書いたものを広く応募して掲げているのだ。「幸せ祈願スポット」として聖地化を図り、イベント会場として島原鉄道とその沿線を盛り上げるのに貢献していて、ドラマのロケも行われたことがある。絵になる風景なので、車内から見ているだけでも幸せな気分に浸れる。

鯉駅長のいる島原駅で途中下車、城下町を散策

大三東から12分ほどで［島原駅］に着く。かなりの乗客が席を立つ。諫早駅から1時間以上乗り通して来たので、からだをほぐすために下車してみよう。島原駅は、近くにある島原城と一体感を保てるようにと考えたのか、城郭風の重厚な大きな駅舎で、内部も広々としている。改札口の脇には、水槽が置いてあり、駅長室とある。不思議に思って近寄ると島原駅の特別駅長は鯉、名前は「さっちゃん」と言うそうだ。「幸せの黄色い列車王国」にちなんで、幸せの幸《さち》から命名されたとのことである。鯉が駅長に選ばれたのは、島原の市街地の清流に鯉が放流されているからだ。さっちゃんだけでは淋しいので、水槽の中に

は金魚の助役れんちゃんとあいちゃんも泳いでいる。

島原駅を出るとロータリーがあり、その先には島原城、背後には雲仙岳が聳えている。ゆるやかな坂を上って行くと島原城を囲むお堀に出る。時間があればゆっくりと散策したい町だ。駅舎同様、お城と一体感を保つような街並みは落ちついていて癒される。

島原駅

次の列車で、島原鉄道の終点へ向かう。島原市の市街地を進み、「島原鉄道本社前駅」に停車。ホームと反対側には霊丘《れいきゅう》神社のある公園が広がる。線路近くには蒸気機関車が静態保存されている。かつて島原鉄道で活躍した国鉄のＣ12形と同じ形の機関車でＣ１２０１というプレートが見えた。「南島原駅」には車両基地があり、黄色いディーゼルカーが何両も休んでいて壮観だ。車体に描かれたイラストは何種類もあるようで、すべて撮影できたら楽しいと思う。

現在の終点、島原外港からは船旅も可能

そして次は終点の［島原外港駅］。島原駅から10分の距離だ。ホームに立つと、線路はまだ先まで延びている。加津佐《かづさ》駅までの35・3kmが2008年に廃止になって久しい。私としては、乗れなかったのが悔やまれる。

駅名のように、歩いて5分程の所に島原外港があり、フェリーに乗れば有明海を横断して1時間で熊本港へ行ける。船の旅も面白そうだが、今回は諫早駅に荷物を預けてきたので戻らなければならない。有明海を横断するのは次回の楽しみにして、折返し列車で諫早方面へ戻ることにした。

島原鉄道では、有明海を眺めながら飲食ができる「しまてつカフェトレイン」を月1回程度の割合で運行している。海に近い大三東駅で45分停車するなど2時間かけて諫早駅と島原駅を結ぶ観光列車だ。再訪する楽しみが一杯の島原鉄道である。

（2019年1月18日乗車）

37

松浦鉄道
【佐世保駅（長崎）⬇伊万里駅（佐賀）】

住む人と文化に触れた佐世保旅

先日、所用で長崎県の佐世保まで出かけた。幸い自由時間が少しできたので、午後の遅い時間に佐世保駅から第3セクターの松浦鉄道に乗ってみた。

松浦鉄道の［佐世保駅］は、JR佐世保駅と同じ高架線上にあり、JRのホームと並んでいるものの、列車が停

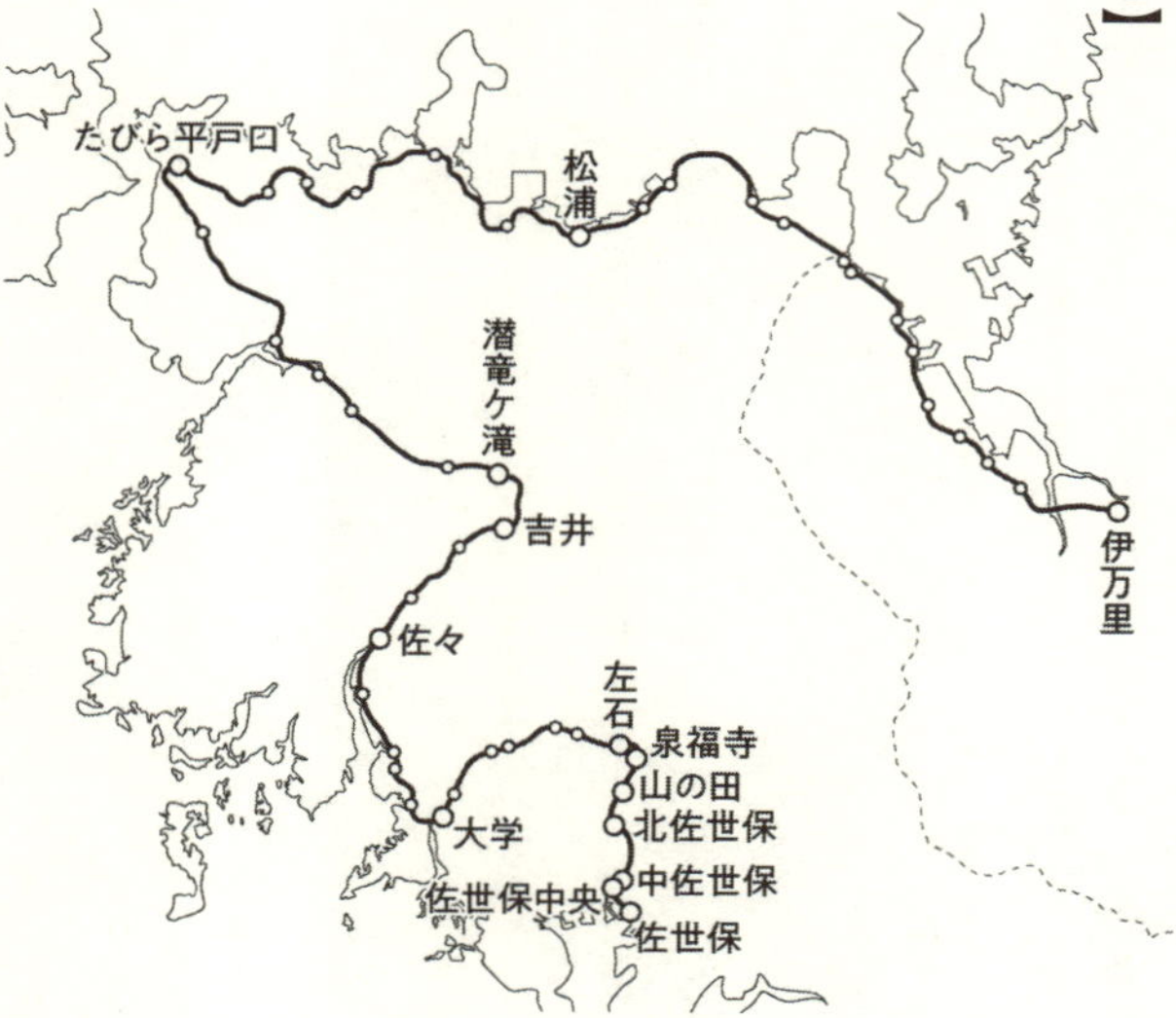

松浦鉄道左石駅

車するのは、北西寄りのやや外れた場所である。ホームへの出入り口はJR線とは全く異なり、地平のコンコースをはさんでJRの改札口と相対している。表示に従って進むと、改札はない。エスカレータに乗ると、そのまま2階のホームに出てしまった。脇に自動券売機があったので、1時間少々で戻って来ることができる場所ということで左石《ひだりいし》駅までのきっぷを購入した。すでに列車はホームに横付けとなっていた。1両だけのディーゼルカー。塗装は別として、どこかで見たようなスタイルだなあと思い、後で調べたら真岡《もおか》鉄道の車両とほぼ同形だった。

地方の第3セクター鉄道といえば多くても

1時間に1本程度の本数なのだが、松浦鉄道の佐世保周辺は、昼間は30分毎、午後の遅い時間帯になると20分毎に列車が発着している。沿線の過疎化により、一時に比べて本数が減ったと言われているが、高校生の帰宅時間を中心に20分毎に列車を走らせているとは大したものである。国鉄松浦線時代の末期には、6時間ほど列車の間隔があくこともあっただけに、利便性の大幅な向上は評価したい。

セミクロスシートの車内は、発車間際になると、空席も少なくなった。下校する高校生や買い物帰りの女性が多い。私の座っていたボックス席も向かいに地元の人らしい中年の女性が腰を下ろした。

列車は定時に発車し、佐世保港を左手に見ながら高架線を進む。都市近郊だから屋並みの多い殺風景なところを走るのだろうと思っていたら、やがてトンネルに入った。意外に長いトンネルで出ると最初の停車駅だ。駅名は「佐世保中央駅」と言うけれど、ヨーロッパの各都市にある中央駅のような規模の大きな構内ではない。片面ホームがひとつあるだけで、列車の行き違いもできない簡素な駅だ。ただ、場所が佐世保の繁華街に位置し、日本一距離の長いアーケード街として知られる「さるくシティ４０３」がすぐ近くに控えて

松浦鉄道左石駅ですれ違う列車

いる。ここで大勢乗ってきて、車内は満員になった。女性の駅員さんがいて、安全確認をしつつ列車を見送ってくれた。

列車は加速しないうちに道路を跨ぐと次の［中佐世保駅］に停車する。2つの駅の間はわずか200m。路面電車を除いた普通の鉄道路線としては、筑豊電鉄黒崎駅前～西黒崎間と並んで、日本最短距離だ。国鉄時代は中佐世保駅しかなかったのだが、松浦鉄道になってから買い物客の利便を図って佐世保中央駅ができたのである。松浦鉄道は、国鉄時代に比べて、駅がやたらと増えたので、長距離を移動する人にはまどろっこしいだろうが、短距離乗車が多いであろう地元の人にとってはサービス向上となっている。

列車は繁華街から住宅地へとさしかかる。佐世保の中心部にもかかわらず、トンネルが連続する。かつての軍港で現在では米海軍基地のある佐世保は雰囲気が横須賀に似ている。天然の良港は山が海岸まで迫っているので、こうした地形は当然なのだ。住宅地は斜面にも広がっている。規模も異なるし、電化非電化の違いはあるが、京急線の車窓に似たところがあるような気がしてきた。

次は［北佐世保駅］と佐世保と名の付く駅が4つ連続する。ここで列車と行き違う。MR400形というやや古いスタイルの異なる車両だ。

発車すると、幹線道路と佐世保川に沿って進む。［山の田駅］のホームにある壁にはカラフルで大きなイラスト画が掛けてある。地元の小学生の作品で、他の駅でも見かけた。地域密着を感じさせ微笑ましい。

［泉福寺駅《せんぷくじ》］を出ると左に大きくカーブして［左石駅］に着く。上下線がかなり離れ、それぞれのホームは、先端部にある構内踏切で結ばれている。かつて、列車交換の際、タブレットの授受をしやすいようにこの形になっている駅が多く、その名残である。対向列車

松浦鉄道車窓。山深い佐世保の市街地

はまだ現われず、地元の高校生が大勢踏切を渡っている。さっさと反対側のホームに渡れば、佐世保行きの列車に間に合って戻ることができるのだが、それではあまりにもあっけないので、列車の発着を撮影して次の列車で佐世保に戻ることに決めた。20分毎に列車があるのだから気楽である。カメラ片手に列車を待っていたら、何人もの高校生が挨拶していく。大都会の高校生なら、赤の他人に関わりたくはないだろうから、無愛想に通り過ぎるだけだが、田舎の高校生は、のんびりと、しかしなかなか愛想がよく好感が持てる。

　今回は、時間の都合でこの駅で折り返したのだが、松浦鉄道の沿線の見どころはこの先にある。６つ先には、○○大学駅ではなく、単に「大学駅」という駅があり面白い。さらに進み、佐世保からやってきて折り返す列車の多い「佐々駅」を過ぎると、列車本数は１時間に１～２本に減る。

佐々駅の５つ先の「吉井駅」と「潜竜ヶ滝《せんりゅうがたき》駅」の間にある福井川橋梁は、コンクリート製のアーチ橋で、その景観や歴史的価値から国の登録有形文化財に指定されている。第２次世界大戦中に建設されたもので、鉄材が不足していたため鉄筋ではなく竹を使った竹筋コンクリートという珍しい構造という説もある。しかし、調査しても詳しいことは分からなかったようだ。松浦鉄道には、ほかにも吉田橋梁、吉井川橋梁が登録有形文化財に指定されている。

さらに30分くらい乗車すると、「たびら平戸口駅」に到着する。日本最西端の駅として大々的にＰＲしているけれど、沖縄都市モノレール「ゆいレール」ができて、最西端は那覇空港駅になってしまった。ＪＲの路線なら、西大山駅のようにＪＲ最南端の駅という言い方もできるのだが、第３セクター鉄道なので、それはできない。実際、佐世保駅にはＪＲ最西端の駅というモニュメントがあるのだ。九州最西端という言い方ではインパクトがなく、2本のレールの鉄道では最西端だとか、苦し紛れな言い方、いや全てを無視して日本最西端の駅と今でも名乗っているのはあっぱれだ。この駅を訪問したのは、10年ほど前なので、また訪れてみたいものである。

松浦鉄道は駅数が多く、のんびり走っているので、佐世保駅から松浦を経て伊万里駅までたっぷり2時間半もかかる。車内にトイレがないので、結構つらい。たびら平戸口で途中下車するのがいいかもしれない。佐世保発の列車の終点伊万里で有田行きの列車に乗り換えると25分程で有田に到着して松浦鉄道全線完乗となる。佐世保周辺とは異なり列車本数は1時間に1本程度。ローカル色豊かな旅を楽しむには、時間をかけなければならないのだ。

（2019年1月16日乗車）

IV

なつかしい時間旅行を楽しむ列車に乗って

——ＳＬ列車の旅

ＳＬ列車の魅力

生家の近くを走っていたのがＳＬ列車、というよりも汽車という言葉の方がピンとくるのだが、それを毎日のように眺めて育ったので、私にとって鉄道といえば電車ではなく汽車が一番である。煙や蒸気を吐き、汽笛を鳴らしながら勇ましく眼前に近づき、そして走り去っていく鉄の塊に魅せられて半世紀以上にもなろうとしている。

一度は、この世から姿を消し、その雄姿を永遠に見ることはないと諦めていただけに、１９７９年の8月に、国鉄山口線でＳＬやまぐち号として復活した時は本当に嬉しかった。走り始めてすぐにＣ57形１号機の牽く列車に乗り、撮影しにはるばる山口まで出かけた。それ以来、何度となく山口線を訪問しているのだが、２０１７年末にＤ51形２００号機が、Ｃ57形とともにＳＬやまぐち号を牽引すると聞いて、再度出かけなくてはならないと思った。

私が子供の頃、汽車を見て育ったのは名古屋から木曽路をたどる中央西線だったが、そこで活躍していたのがＤ51形２００号機であった。子供の頃のあいまいな思い出であるし、現在のように気楽に写真など撮ることのできない時代だったので、２００号機を見たという記憶も証拠もない。しかし、毎日のようにＤ51形を見ていたから、どこかで２００号機に出会っていたのではなかったか。そんなことを考えると、山口線で出会った２００号機とは、半世紀以上の時を経ての再会だったような気もする。山口線は中央西線と同じく山岳路線であり、本来は貨物用のＤ51形が客車を牽引するのに違和感のない路線で、その姿は遠い昔を彷彿とさせ、懐かしさいっぱいであった。

もう一台のＣ57形（１８０号機）が走る磐越西線も、汽車が走るにふさわしい絶景路線だ。山口線ほどのアップダウンがないので、Ｃ57形は軽快に走り抜ける。車窓から眺める阿賀川流域ののどかな風景はいつまでも心に残っている。

まさかの復活ＳＬとなった東武鉄道の蒸気機関車。何ともミスマッチな路線ではあるけれど、ＳＬ列車を走らせて地域を元気にするという心意気と、機関庫や転車台などＳＬ列車が走るにふさわしい情景を丁寧に再現するというプロジェクトには驚きと鉄道遺産を永遠に保存しようとする熱い思いが伝わって来る。やはり汽車が走る路線というのは鉄道の原点で、ノスタルジーだけではない感動的なものなのだ。

38

SLやまぐち号

【新山口（山口）➡津和野（島根）】

新しくなった「SLやまぐち号」の旅

１９７９年の運行開始以来、２０１９年８月で40年が経過した「ＳＬやまぐち号」。長らく12系客車での運行が続いてきたが、老朽化のため引退し、新しい客車が２０１７年９月に登場した。何と、一見レトロな旧型客車風ではあるが、エアコン付き、自動ドア、

トイレも最新タイプで電源コンセントも各テーブルに設置されているという最新型車両なのだ。機関車も一貫してC57形1号機だったが、２０１７年11月には、Ｄ51形２００号機が加わった。すぐにでも行きたかったけれど、諸般の事情で延び延びになっていたのだが、先日、ようやく現地を訪れて、乗り鉄、撮り鉄両方を体験することができた。

前日に現地入りし、朝の９時頃、ＳＬやまぐち号の起点となる［新山口駅］を訪れた。隣接した車両基地の片隅では一条の煙が上がっている。それを頼りに基地のまわりをうろうろしていると山陽新幹線の高架下あたりから、準備中のＤ51形２００号機を遠目に垣間見ることができた。京都の梅小路蒸気機関車館（現・京都鉄道博物館）のデモンストレーション運転で現物を見たのが30年ほど前。それ以来の再会だ。

駅に戻る途中で、大きな汽笛が響く。Ｄ51の準備が整ったようで、構内を移動しつつある。いったんは、バックでホームに接近し、前進して転線、もう一度バックして、待機中の５両編成の客車と連結となった。ホームに入る。１番線に停車中の普通列車が発車すると、車両基地のはずれで待機中だったＳＬやまぐち号はいったん前進したあと、バックで展望車を先頭にゆっくりと１番線に入ってきた。車両がカメラの砲列を浴びる一方、ホー

D51牽引のSLやまぐち号

ムでは売店がオープン。車内で駅弁の販売はないとのことなので、SL弁当が飛ぶように売れる。私も購入した。
あらかじめ予約しておいた席は2号車。最後尾の展望車が1号車なので、前から4両目となる。残席がわずかで、席を選ぶことはできなかった。残念ながら窓側ではなく、ボックス席の通路側で進行方向とは逆向き。もっとも、こうした観光列車では、最初から最後まで席にじっと座っているわけではないので、苦痛ではない。
内装は、半世紀以上前の汽車の雰囲気が漂っている。昔の鉄道路線図などレトロな感じがする一方で、デジタルサイネージの案内

SLやまぐち号のレトロ風新型客車車内

板もある。もっとも、雰囲気を壊さないようにレトロな書体で停車駅の案内や路線図が表示されるのだ。

10時50分、汽笛一声。列車はゆっくりとホームを離れた。実にスムーズな出発である。かつては、ガタゴト動き出し、機関車に引っ張られている小刻みな振動が体に伝わってきたものだ。最近でも、東武鉄道のＳＬ「大樹」では、往年の汽車らしさを体感した。けれども、今回の「ＳＬやまぐち号」では、それは感じなかった。あまりにもスムーズで、快適ではあるものの電車に乗っているのではと錯覚したほどだ。しかし、懐かしい「ハイケンスのセレナーデ」のメロディーが流れると、やはり乗っているのは客車であると納得した。

SLやまぐち号は、まずは山口市内の市街地を走る。ところどころ、空き地や草の生い茂った場所はあるものの、総じて賑やかなところだ。汽笛を耳にして家から飛び出して来たのか、子連れや地元の人が線路際で手を振ってくれる。こちらからも振り返す。SL列車をはじめとするイベント列車ならではの、ほのぼのとした交流だ。

15分程で最初の停車駅［湯田温泉駅］に到着。温泉地で過した観光客が何人も乗ってきた。空席はほぼ埋まり、満席となって列車は発車する。

続いて県庁所在地の［山口駅］に停車。いよいよ本格的な走りとなる。［宮野駅］を通過すると、家並は途切れ、緑豊かな丘陵地帯へと車窓が変化する。撮り鉄の姿も増えてきた。険しい山の中へ差しかかり、周囲に何もなさそうな［仁保《にほ》駅］で7分停車。この先の峠越えに備えて機関車内では準備に余念がない。乗客はホームに降りて、記念写真を撮ったり、機関車の写真を撮ったりと大忙しだ。

発車時刻になったので車内へ戻る。仁保駅を出ると山越えのため長い田代トンネルを通る。車窓を眺めることはできないと思っていたら、女性アテンダントさんがやってきてく

長門峡駅発車直後のSLやまぐち号

じ引き大会となる。当選者は、3号車にある運転シミュレータや投炭ゲームが利用できるとのことだったが、あえなく落選してしまった。近くに座っていた家族連れが当選し、嬉しそうに3号車へ移動して行った。

D51はC57よりはパワーがあるので、峠越えは、比較的スムーズだったようだ。トンネルを抜けて下り坂となり、古びた給水塔のある「篠目《しのめ》駅」で小休止。しばらくは平坦なところを通る。紅葉の名所である「長門峡駅」を発車すると、鉄橋を渡る。このあたりも撮影名所で、乗車翌日は、ここで撮り鉄を試みた。

新山口駅を出て1時間。お腹が空いてきた

ので、SL弁当の包みをほどいた。ボックス席には大きめのテーブルが付いているので窮屈な思いをしないで済む。のどかな田園風景を眺めつつ、汽笛を耳にしながら食べる昼食は極上の気分だ。

お弁当を食べ終わる頃に［地福《じふく》駅］に到着。ここでは14分停車する。広い上に、駅舎へ向かう構内踏切に立って機関車をバックに記念写真が撮れるので、仁保駅よりも大勢の乗客でごった返していた。地福を発車すると［鍋倉］［徳佐］とこまめに停まる。徳佐駅のあたりは、線路際にリンゴ園がある。西日本では有数のりんごの産地で、他の土地のものよりも甘いのが特徴だ。先ほど食べたSL弁当にもデザートとしてりんごが一切れ入っていた。機会があれば、ここのりんごを丸ごと食べてみたいものである。

徳佐駅を出ると、有名なSL撮影地を通過する。今日もギャラリーの数は多い。D51は汽笛を鳴らして応える。［船平山《ふなひらやま》駅］を通過すると、新山口を出て以来2度目の山越えだ。すぐに長大な白井トンネルに突入する。ここを出ると山口県ではなく島根県である。山の中で短いトンネルをいくつも通り過ぎるうちに、次第次第に家並が増え、高度も少しずつ下がってくる。あたかも飛行機が着陸するときのように、眼下に見えていた赤茶色の石州瓦で覆われた津和野の町が間近に迫ってきた。津和野川を渡ると、列車はスピードを落とし、ゆっくりと［津和野駅］に滑り込んでいく。

「到着後、20分程で機関車が転車台に載って向きを変えます」との放送があったので、改札口を出て左に進む。早々と機関車は動き出したが、まずは客車を側線に移動させる作業が行われる。踏切近くまで進んだ列車は、一旦停止の後、ゆっくりとバックして駅舎脇の1番線に入る。その間に踏切を渡って、転車台を見学するスペースへ。やがて、客車を切り離して身軽になった機関車は、行ったり来たりしながら、ようやく転車台の前へやってきた。そして大勢のギャラリーの前で転車台に載り、90度転回して、排煙装置のあるスポットに収まる。ここでしばし休憩しながら給水給炭作業や点検を行い帰路に備える。

15時45分、新山口行きのSLやまぐち号は大きな汽笛を鳴らしながら発車した。その数分後、津和野の町はずれにある踏切で通過する列車を見送った。汽車は右にカーブして勾配を上り、煙を残しながら遠ざかっていく。その姿が見えなくなってからも汽笛が山間にこだましていた。

（2018年5月12日乗車）

39

SLばんえつ物語

【会津若松（福島）⬇新潟（新潟）】

撮っても乗っても楽しい「SLばんえつ物語」

新潟駅と会津若松駅（福島県）を結ぶ「SLばんえつ物語」（P292の注参照）。午後遅くに会津若松駅を出発して新潟駅に向かう列車に乗ってみた。乗車まで時間があったので、会津若松駅から普通列車で10分程のところにある塩川駅近くで、朝新潟を出発し

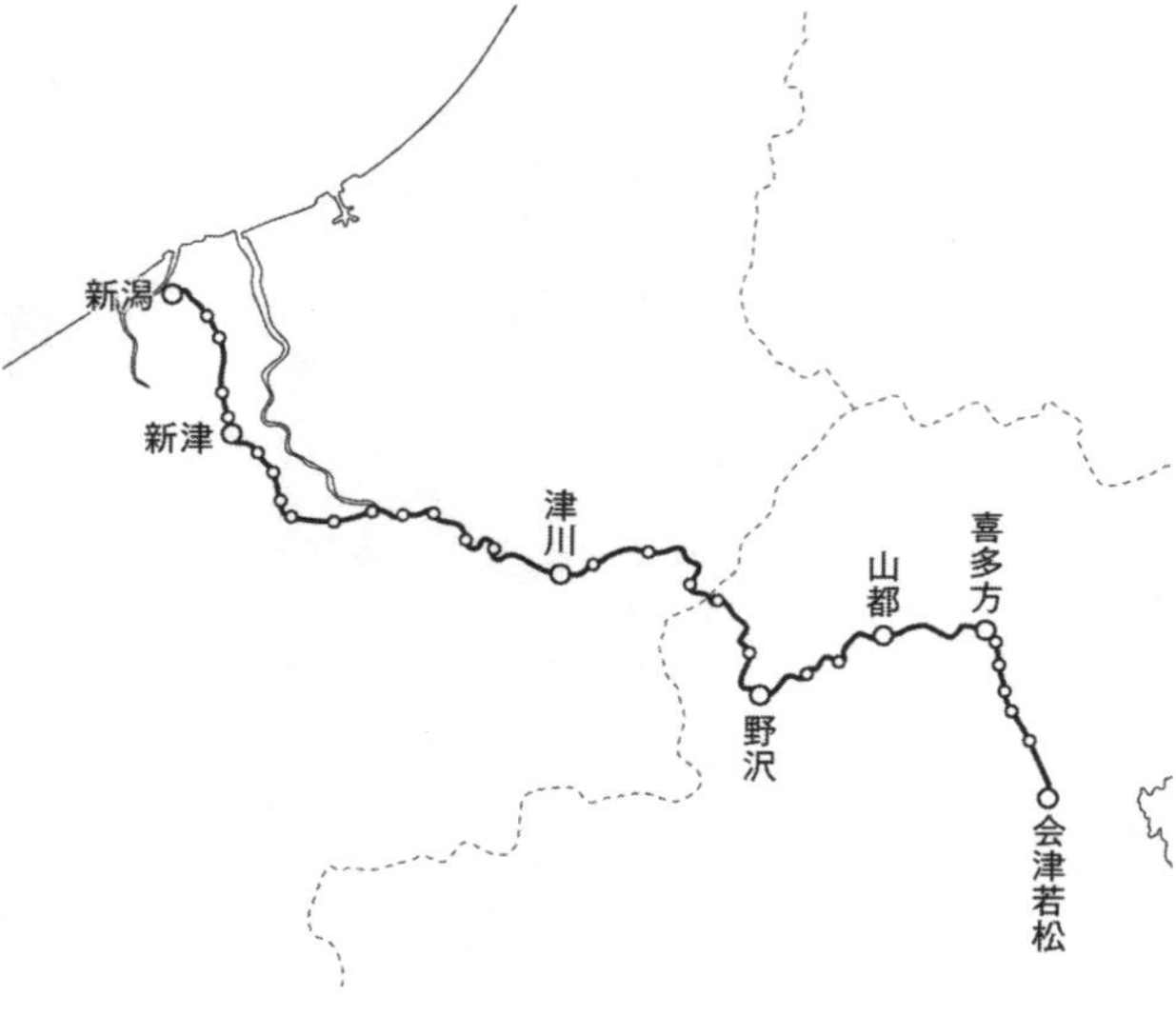

て、お昼過ぎに会津若松駅に到着する汽車の雄姿を撮影してみた。SL列車は撮影するのも楽しいものである。

「会津若松駅」に戻り、駅構内で入換する汽車の様子を見物したあと、いよいよ「SLばんえつ物語」の客となる。この列車に乗るのは、今回が初めてではないのだが、しばらく乗らないうちに客車が大幅にリニューアルされていた。以前は連結されていなかったグリーン車に興味があったので、その指定券を取っておいた。「SLばんえつ物語」は快速列車なので、普通列車用グリーン券は1670円。特急券は不要なので、普通車指定券との差は1000円程度と4時間近く乗車することを考えると意外にリーズナブルである。そのせいかほぼ満席であった。

グリーン車は通路をはさんで1人掛け席と2人掛け席が並びゆったりしている。私の席は1人掛けだから、隣の人に気兼ねすることなく頻繁に席を離れることができるのは都合が良い。パノラマ展望室とは仕切りをはさんですぐ隣の席だったので、まずは展望室を覗いてみる。新潟行きの場合は、この車両が機関車の次に連結されるので、絶えず機関車のお尻を眺めながら進むことになる。

SLばんえつ物語

大きな汽笛を耳にすると、定刻の15時25分に発車。煙をもくもくと吐いて動き出した様子がよくわかる。ぐんぐん引っ張られていくようにがたんごとんと揺れながら走る感覚は、電車とは全く異なる乗り心地だ。

車掌さんがやってきて、マイクを使わず肉声で挨拶する。観光列車らしい対応で好感が持てる。車内が落ち着いたようなので、とりあえず車内見物としゃれこみ後部車両に移動する。グリーン車が7号車で最後尾が1号車の7両編成だ。5号車にある売店、4号車の展望車を素通りして1号車に行ってみる。

この車両は、オコジョルームという子供の遊び部屋になっている。オコジョとは、沿線

SLばんえつ物語の1号車、オコジョ展望車両

に生息するイタチ系の動物で、「SLばんえつ物語」のマスコット・キャラクターなのだ。最後尾はオコジョ展望室で、新潟行きの場合は、ここから去りゆく線路をいつまでも眺めていることができる。楕円形の木のベンチがあり、ガラス張りとなっている3方向を見ることができる。大きな木が展望室のど真ん中に立っていて、ベンチは木の幹の周りを囲んでいる感じだ。森の中の木陰でくつろいでいるような雰囲気をイメージしているそうだ。

列車は、蔵の町やラーメンで有名な「喜多方駅」を出ると、会津盆地から山岳地帯へ入っていく。オコジョ展望室から眺めていると、か細い単線の線路はところどころ雑草に覆われ、いかにもローカル線といった風情である。目も眩むような一ノ戸川橋梁を渡ると［山都《やまと》］着。この先は阿賀川の渓谷に沿って進む絶景区間となる。阿賀川は福島県から新潟県に入ると阿賀野川と名前を変える。川は線路と絡み合うように何度となく鉄橋を渡るたびに車窓左に移ったり、右手に現われたりする。

渓谷美を堪能するならと、4号車の展望スペースに移動。窓を向いたソファーや止まり木のような椅子があり、車窓を思う存分眺められる。この車内には記念スタンプが押せるコーナーがあり、さらにそのとなりにはレトロな郵便ポストもある。前回利用したけれど、葉書にスタンプを押して、送りたい住所を書いて投函すると後日配達してくれるのだ。なかなか面白い試みだと思う。

［野沢駅］で10分程停車。機関車の点検を行う。蒸気機関車の写真を撮っていたら、女性アテンダントさんが記念写真はいかがですかと声をかけてくれたので、記念ボードを持ってカメラに収まる。ボードには乗車日が書いてあるので、良い記念になるだろう。

野沢駅を出てしばらくすると、席に戻るようアナウンスがあった。各車両でじゃんけん大会があるという。景品は列車のロゴの入ったピンバッヂのようだ。3回戦あったけれど、

SLばんえつ物語の4号車。売店と展望スペース

今回はすべて敗退。景品はもらえなかった。

阿賀野川の川幅が広くなってくると「津川」着。2回目の長時間停車で、今回は15分。機関車の点検と給水を行う。昔のような給水塔があるわけではなく、今風にホースをホームの先端部から延ばしてきて炭水車に水を補給するのだ。相変わらず機関車の周囲は人だかりがしている。この駅のホーム後方には待合室があるが、メルヘン的な「オコジロウの家」となっているのが楽しい。待合室に関しては、皆機関車周辺に集まってしまうせいか人気はイマイチであった。

津川駅の発車は17時34分。9月初旬は、もう薄暗い。列車は夕暮れの中を新潟へ向かう。

［新津駅］到着の頃には、まわりは暗くなり、夜汽車の雰囲気である。汽笛がどこか物悲しく聞こえるのは気のせいであろうが、4時間近い旅も終りに近づき、その別れの辛さゆえかもしれない。かくして19時06分、定刻に［新潟駅］に到着。列車を牽引して勤めを果たしたC57形180号機にねぎらいの挨拶をして、ホームを後にした。

（2016年9月4日乗車）

注）「SLばんえつ物語」は、2018年から新潟駅乗り入れをとりやめ、新津～会津若松間の運転となった。新潟～新津間には、「SLリレー号」が電車で運転されている（往路のみ）

40

SL大樹

【下今市➡鬼怒川温泉】(栃木)

「SL大樹」のミニ汽車旅

2017年8月10日から走り始めた東武鬼怒川線のSL「大樹」。さっそく乗ってみようと思い、混雑するお盆休みを避けて、20日以降の平日を狙ってみた。しかし、予想以上の人気で、1日3往復走るうちの、午前とお昼過ぎの便は満席だった。でも、夕方の5

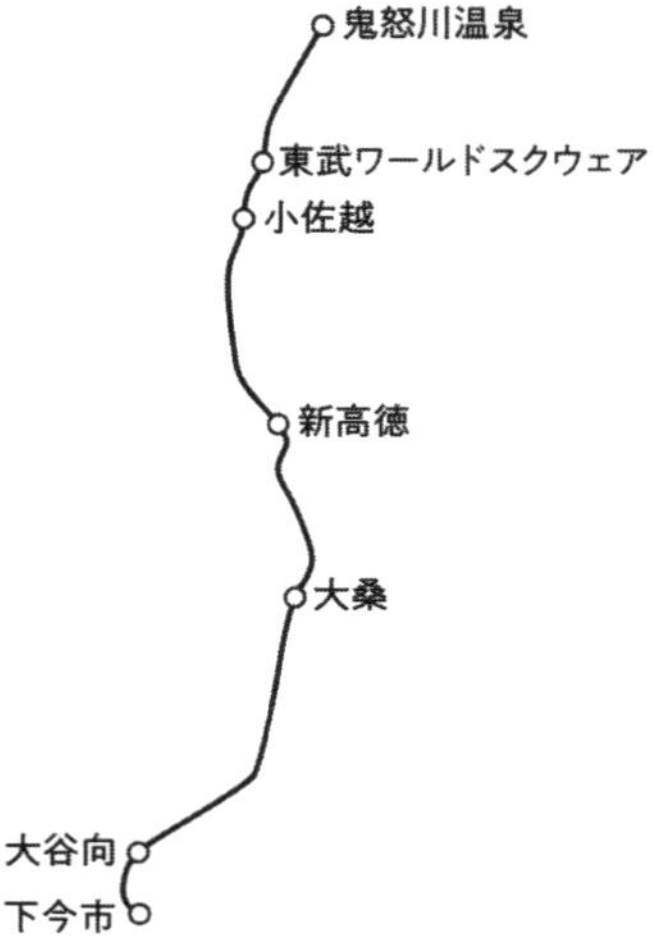

レトロ風に改装された下今市の駅舎

号と６号には空席があるという。初めてなら下りの下今市発鬼怒川温泉行きに乗ってみたいので、５号を予約した。幸い窓側の席だった。

スペーシアやリバティといった特急ではなく、のんびり急行を乗り継いで現地入りしたのがお昼頃。時間はたっぷりあるので、とりあえずＳＬ大樹３号と４号の撮り鉄をしてみることに。どちらも中間駅の新高徳《しんたかとく》付近で撮影し、「下今市駅」に戻ると、発車まで１時間を切っていた。駅構内にあるＳＬ展示館で写真や模型を眺めて時間をつぶし、ホームに出ると、ＳＬ「大樹」は、構内で入換を行っていて、やがて２番線に入ってきた。

ホームに停車すると、青い客車の前では、浴衣姿の若い女性がポーズを取って写真を撮らせてくれる。車内で案内をするＳＬアテンダントさんだ。普通は制服姿だが、８月末まで、しかも夕方の５号、６号限定のファッションとのこと。笑顔で応対してくれた。

車内に入る。茶塗りの旧型客車とは異なり、エアコン付き、ドアは自動の「新型客車14系」だ。とはいえ、誕生したのは１９７２年だから製造後45年。もはや「旧型」といっても違和感はなかろう。さっそく席につき、リクライニングさせるが、からだを起こすとバタンと音を立ててシートが元に戻ってしまう安普請。もっとも、これが往時の仕様だったので、ある意味、半世紀近く前の鉄道旅行の雰囲気を再現した懐かしくなる造りだ。

これまた感涙ものの車内放送開始のチャイムとして一世を風靡した「ハイケンスのセレナーデ」が流れる。このメロディーを聴くとブルートレインなど客車列車の旅を思い出す。

過去の追憶を遮るように大きな汽笛が鳴って、列車はゆっくりと動き出した。窓外では手を振って見送ってくれる人が大勢ホームに立っている。いよいよ汽車旅の始まりである。

電車のようにぐんぐん加速することはなく、前後にごとごと振動しながら進む。先頭の蒸気機関車に引っ張られている感触は汽車ならではのものだ。東武日光線と分かれ、右にカーブしながら大谷川《だいや》の鉄橋にさしかかる。単線下路式プレートガーダーという窓の下あたりから下が隠れる構造なので、視界がやや遮られる。それでも河原のゴルフ場は確認できた。左手には日光連山が見えるはずだが、曇り空のためはっきり見えない。

大谷川を渡り、［大谷向駅《だいやむこう》］を通過するころになっても、スピードはさほどあがらない。ゆっくりと威風堂々の行進といったところか。浴衣姿のアテンダントさんが指定券をひとりひとりチェックしながら、記念乗車証とSLアテンダント通信を配っている。記念乗車証は、SL大樹の写真入りだが、乗る列車によって写真が異なるとのこと。2枚以上6枚まで集めると記念品がもらえるそうだ。次回は、5号以外の列車に乗ってみなくては……。SLアテンダント通信は、カラフルな手書きの案内を印刷したもの。沿線の見どころをイラスト入りで解説していて楽しい。

アテンダントさん以外にも、記念写真スタッフが回ってきて、ポラロイドカメラで記念写真を撮ってくれる。大樹のヘッドマークのレプリカを手にポーズを取るとシャッターを押す。台紙がSL大樹の写真とイラスト入りのオリジナルなものなので、記念にと多くの人が買っている。強制ではないと念を押されても、映りがイマイチと思いつつ、私も11

00円払って買ってしまった。東武さん、なかなか商売上手である。

そのほか、車内販売のワゴンも回ってくる。こちらは、SL大樹グッズや飲食の販売だ。SLにちなんで黒いアイスというのが目を惹く。冷たすぎるものはお腹にこたえるので、これはやめておいた。

汽車は、あいかわらずゆっくりとした歩みだ。林の中を抜け、開けた田圃の中を走り、[大桑駅]を通過する。電車とスピードは格段に異なるけれど、電車の場合は単線による列車行き違いのため、2ヶ所程で数分停まることがある。一方、SL大樹は、のろのろと進みつつも各駅で対向電車が待っていてくれる「殿様列車」なので、停車によるロスタイムがない。したがって、スピードが遅くても鬼怒川温泉駅まで最大10分程度の差でしかなく、後続の電車に追いつかれないで済むのだ。

やがて汽車は砥川《とがわ》橋梁に差し掛かる。鉄橋の半分より先は、上路プレートガーダーと呼ばれる、赤茶けた鉄骨で覆われている。この鉄橋は先頃、国の登録有形文化財に指定された歴史的建造物だ。

このあたりから、線路は上り勾配となる。汽車は喘ぎ喘ぎさらに遅く進む。窓外を煙が

SL大樹（新高徳〜大桑）の砥川橋梁

流れ、線路際の雑草や花が手に取るようにはっきりと分かる。並行する道路脇に立っている「これより鬼怒川川治温泉郷」という看板が目に入ると、列車は鬼怒川の鉄橋を渡る。ごつごつとした岩が河原に転がり、なかなかの景勝地だ。撮り鉄の撮影名所でもあり、河原では三脚を立ててＳＬ大樹を撮影している人が何人もいた。

　鉄橋を渡りきると左へ急カーブ。ますます遅くなり、停まるかと思うほどのスピードで進み、やがて「新高徳駅」を通過する。ＳＬが息切れしないよう最後尾ではディーゼル機関車が後押ししてくれている。

「小《こ》佐《さ》越《ごえ》駅」を過ぎると、唯一の停車駅

鬼怒川温泉駅前の広場で転車台に乗るC11形蒸気機関車

［東武ワールドスクエア駅］に到着する。下今市駅を発車して以来、やっと一息つけた。テーマパークに入場するには遅い時間にもかかわらず、何人も下車したのは、駅周辺にある宿泊施設に向かう人たちだろう。この駅は7月下旬に開業したばかりで、ワールドスクエアのみならず近くのホテルなども徒歩で行けるようになり、恩恵を受けたようである。

1分程の停車で、ＳＬ大樹は発車。すぐに鬼怒立岩信号場を通過し、ここより鬼怒川温泉駅までは複線となる。とは言っても、それほど速くなることもなく、最後までゆっくりした歩みで、終点［鬼怒川温泉駅］の3番線ホームに到着した。降りると、さきほどの浴衣姿のアテンダントさんや大樹のマーク入りのブルゾンを着たスタッフが挨拶してくれて短くも楽しい35分の旅は終わった。

5分もしないうちに、蒸気機関車と車掌車は切り離され、構内を行き来しながら駅前広場に新設された転車台へ向かう。人の流れに逆らわず、改札をでて広場へ。まもなく姿を現した蒸気機関車が方向転換する姿を撮影し、その後、近くの陸橋から下今市駅へ戻るSL大樹6号を見送ってこの日の締めとした。

（2017年8月21日乗車）

あとがき

一年ほど前に、産業編集センター出版部の編集者佐々木勇志さんから、鉄道旅に詳しい（と言われている）私が教えるとっておきの鉄道旅行といったコンセプトで、これまで取材した鉄道旅の中から選りすぐりのものを選んで紹介する総集編的な本が書けないだろうかという相談を受けた。鉄道旅でしか味わえない楽しさ、美しさ、喜び、生涯に一度は行きたい鉄道旅などを盛り込むという中々難しい注文であり、あれこれ考えているうちに時間ばかりが流れていった。

そんな中、今年に入って早々、一月に九州へ鉄道旅の取材に出かけ、帰ってから何本もの記事をウェブ上に公開することになった。これらは、ウェブでの連載記事の一環であったので、それらを読んだ佐々木さんが、連載の中から、これはというものを選んでまとめてはどうかとの提案をしてくださった。今まで、ウェブ上に公開された記事は、愛着はあるものの紙の媒体に記録されたものと違って形に残らないので、どこかむなしさを感じていて、本にまとめられないものかと考えていたところであった。したがって、渡りに船のような提案は嬉しくもあり、よい機会なので、一冊の本にまとめてみることにした。

前作「シニア鉄道旅のすすめ」（平凡社新書）は、今流行りの観光列車に重点を置いて執筆したので、本書では、全国のローカル線をメインに取り上げることとし、補足の意味で、これまで活字にしていなかった観光列車や路線を取り上げる形にした。

読者の中には、ウェブ記事には目を通さない人もいるであろうし、あの膨大なインターネットの情報の中では、私の記事は目に留まらなかった人も多いと思われる。また、ウェブ記事の再録とはいっても、その後の変化に対応した修正や補足を行っているので、すでに読んだことがある人にとっても興味深い内容となるであろう。写真も多く収録したのみならず、ウェブでは省略した地図も掲載したので、本書はより魅力的になったと思う。

最後に、企画から構成まで大変お世話になった佐々木勇志氏に厚く御礼申し上げるとともに、記事の転載を快諾していただいた、ＢＥＳＴ　ＴＩＭＥＳ（ＫＫベストセラーズ）とＮＡＶＩＴＩＭＥ　Ｔｒａｖｅｌの編集担当者にも感謝する次第である。

２０１９年８月　野田隆

［初出一覧］

■雑誌『一個人』（KKベストセラーズ）公式サイト「BEST TIMES」より収載

I

① スーパーあずさ／快適車両で信州路を行く（2018.1.13）
② 白いかもめ／普通車とグリーン車　乗り比べの旅（2019.2.23）
③ 500系新幹線／懐かしの新幹線で山陽本線のんびり旅行（2017.12.23）
④ 特急「踊り子号」／気軽な日帰り温泉旅（2017.11.11）
⑤ 小田急ロマンスカー／休日の日帰り定番旅行を楽しむ（2017.7.27）
⑥ 新型特急リバティ／新車両に乗って由緒ある地を訪ねる（2017.3.17）
⑦ 新型特急ラビュー／個性的なフォルムと贅沢なリビングのような空間（2019.2.27）
⑧ 近鉄の汎用特急／汎用特急で歴史ある町を走りゆく（2018.10.30）
⑨ 特急スノーモンキー／冬の信濃路を快適に走る旅（2017.6.28）
⑩ 臨時座席指定列車「Mt.TAKAO号」／行楽地で楽しんだあとはのんびりと（2018.12.14）

II

⑪「或る列車」で行く大村線・長崎本線の旅（2019.3.6）
⑫ しなの鉄道の観光列車「ろくもん」（2018.11.10）
⑬「リゾートしらかみ」冬景色（2017.1.11）
⑭ 愉快なポケモントレインの旅（2018.7.21）
⑮ JR日光線「いろは」のミニトリップ（2018.7.30）

III

⑯ 函館本線砂原支線／のんびりゆっくり回り道で函館へ（2016.7.21）
⑰ 根室本線／富良野へ、代行バス区間で思わぬ発見（2017.9.22）
⑲ 名松線／おかえりなさい、名松線（2016.6.16）
⑳ 桜井線／ネーミングに納得！　万葉まほろば線（2018.11.23）
㉑ 山陰本線／ローカル列車で乗り鉄を満喫（2019.3.30）
㉒ 姫新線／芸備線／35分の旅程を丸一日かけた酔狂な旅（2017.11.25）
㉓ 因美線／雨にけぶるJR因美線の旅（2017.2.13）
㉔ 岩徳線／懐かしいタラコ色の車両、JR岩徳線ゆったりローカル旅（2018.8.25）
㉕ 牟岐線・阿佐海岸鉄道／四国みぎした紀行（2017.5.16）
㉖ 筑豊本線・後藤寺線・日田彦山線／筑豊エリアの路線乗りつぶしと日田彦山線（2018.6.23）
㉗ 筑肥線／ローカル区間と都市近郊区間を併せ持つJR筑肥線の旅（2018.6.30）
㉘ 三陸鉄道／８年ぶりの復活、三陸鉄道初乗車（2019.6.11）
㉙ 由利高原鉄道／心温まる由利高原鉄道の旅（2016.12.7）
㉚ 湘南モノレール／風光明媚な湘南をめぐる小さな旅（2018.9.29）
㉛ 上田電鉄／別所温泉へ、上田電鉄の旅（2018.2.24）
㉝ 静岡鉄道／「ちびまる子ちゃん」と新型電車（2017.12.9）
㉞ 長良川鉄道／川沿いの絶景路線、長良川鉄道の旅（2016.10.13）
㉟ 樽見鉄道／岐阜県内のもうひとつの絶景路線（2016.11.27）
㊲ 松浦鉄道／住む人と文化に触れた佐世保旅（2019.2.2）

IV

㊳ SLやまぐち号／新しくなった「SLやまぐち号」の旅（2018.5.26）
㊴ SLばんえつ物語／撮っても乗っても楽しい「SLばんえつ物語」（2016.9.8）
㊵ SL大樹／「SL大樹」のミニ汽車旅（2017.8.26）

■情報サイト『NAVITIME Travel』より収載

㉜ 大井川鐵道井川線／大井川上流の秘境を行くミニ列車の旅（2018.12.2）
⑱ 小海線／知られざる駅巡り～松原湖駅＆佐久広瀬駅（2019.3.5）
㊱ 島原鉄道／幸せの黄色い列車に乗って（2019.2.16）

野田隆（のだ・たかし）
1952年名古屋市生まれ。早稲田大学大学院修了（国際法）。都立高校に勤務のかたわら、ヨーロッパや日本の鉄道旅行を中心とした著作を発表、2010年退職後は、フリーの旅行作家として活動。日本旅行作家協会理事。主な著書に『にっぽん鉄道100景』『シニア鉄道旅のすすめ』（平凡社新書）、『テツに学ぶ楽しい鉄道旅入門』（ポプラ新書）などがある。

わたしの旅ブックス
015

今すぐ出かけたくなる
魅惑の鉄道旅

2019年8月31日　第1刷発行

著者――――野田隆

編集――――佐々木勇志（産業編集センター）
ブックデザイン――マツダオフィス
DTP――――角 知洋_sakana studio
地図作成――――山本祥子（産業編集センター）

発行所――――株式会社産業編集センター
〒112-0011
東京都文京区千石4-39-17
TEL 03-5395-6133　FAX 03-5395-5320
http://www.shc.co.jp/book

印刷・製本――――株式会社シナノパブリッシングプレス

ISBN978-4-86311-236-0